AF389559

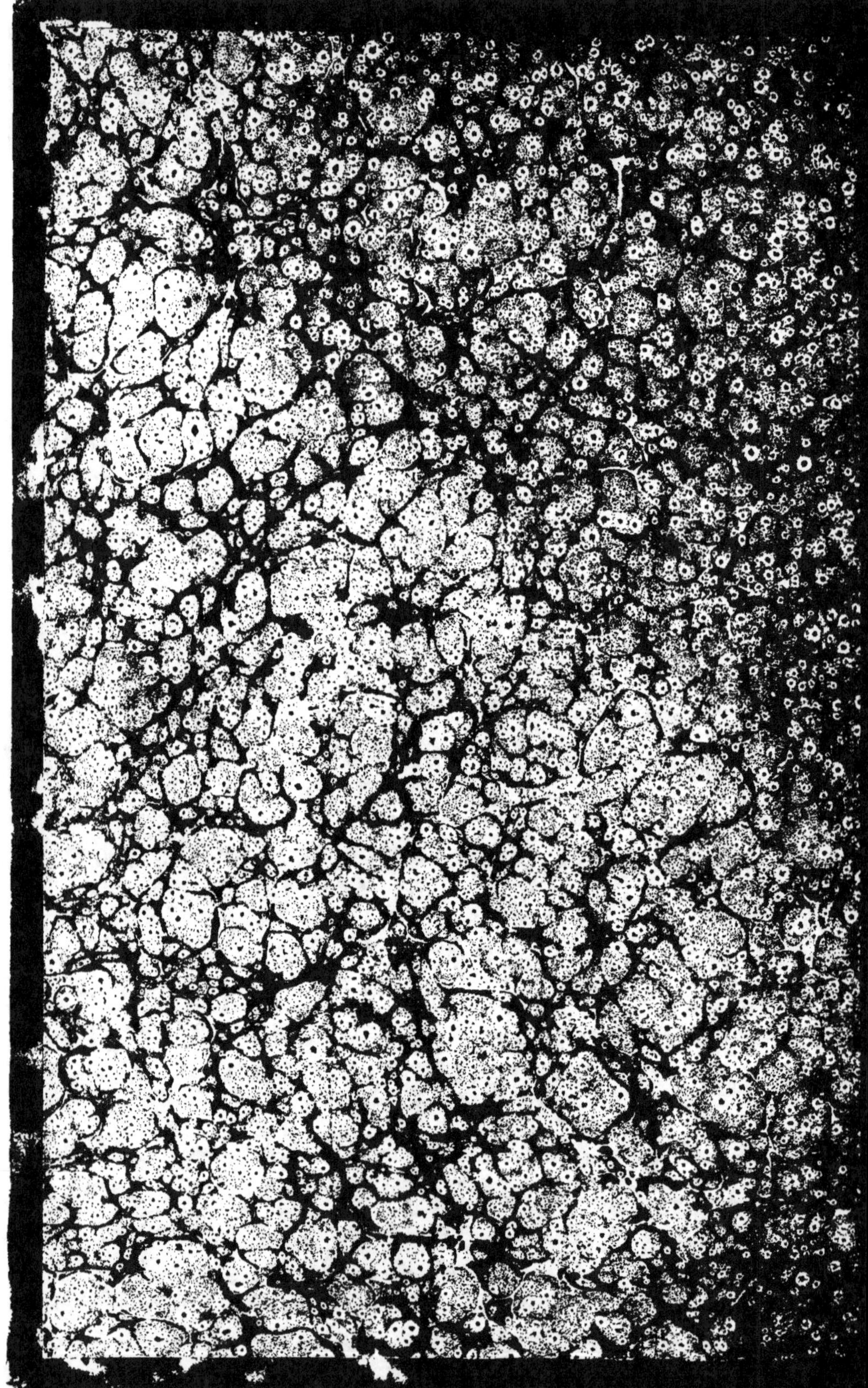

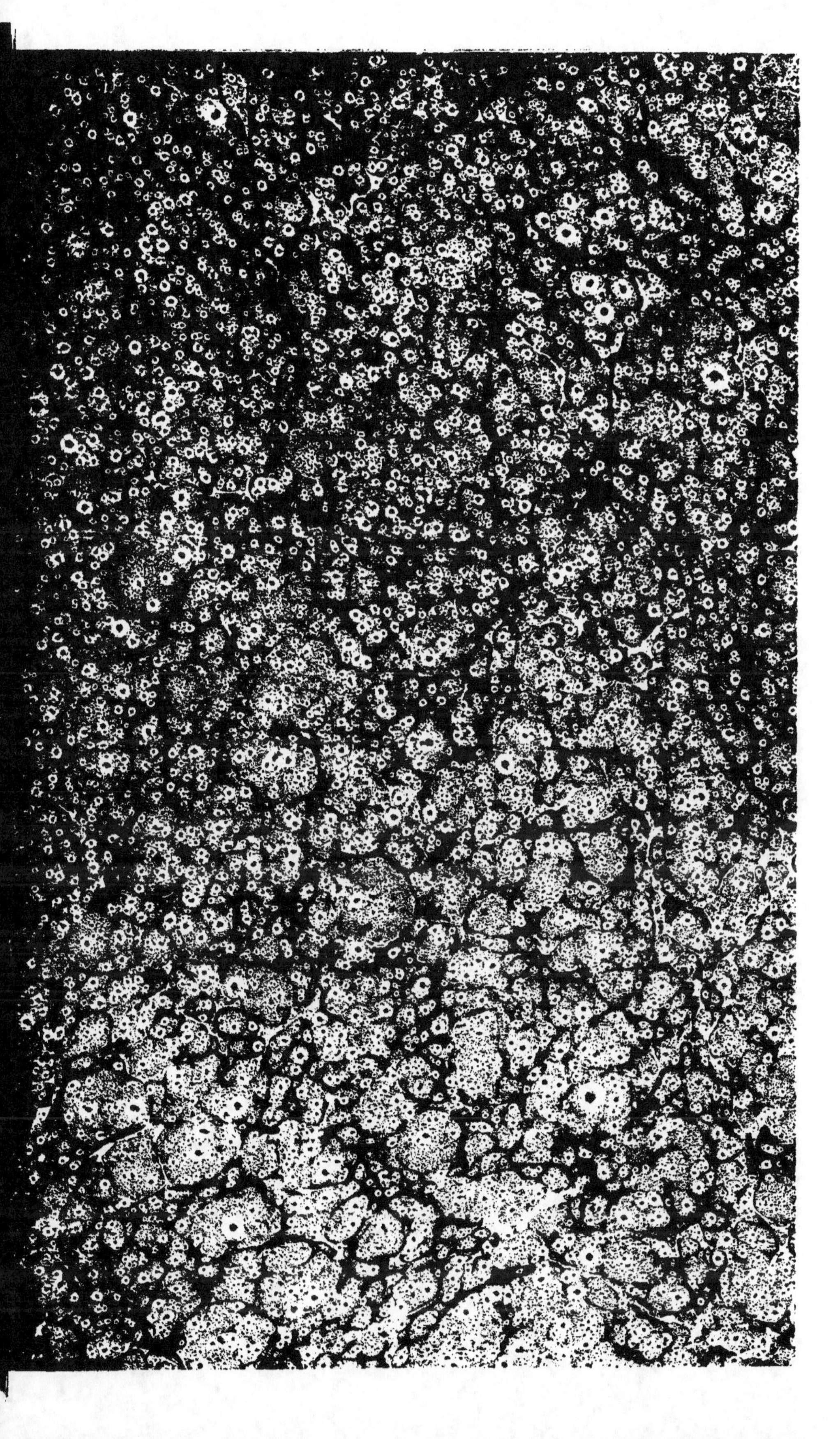

20637

MANUEL

DE MNÉMONIQUE

—— Lille, Typ. L. Lefort, 1850 ——

MANUEL
DE MNÉMONIQUE

OU

MÉTHODE POUR RETENIR SANS TRAVAIL
ET SANS EFFORT TOUTES LES PRINCIPALES DATES
DE L'HISTOIRE UNIVERSELLE.

OUVRAGE SPÉCIALEMENT DESTINÉ AUX ASPIRANS AU BACCALAURÉAT ÈS-LETTRES,
ET RÉDIGÉ CONFORMÉMENT AU NOUVEAU PROGRAMME

Par C. CAMARD, Licencié-ès-Sciences.

PARIS

LIBRAIRIE DE L. HACHETTE ET Cie,

RUE PIERRE SARRAZIN, 12

1850

INTRODUCTION.

Il n'entre pas dans mon plan de répéter ici tout ce qui a été écrit sur l'importance de la chronologie historique; cette importance est à mes yeux tellement évidente qu'il me semble superflu de la démontrer ici. Otez ce guide fidèle, et l'histoire n'est plus qu'une lettre morte, une masse insignifiante de faits et de noms, qui ne nous apprend absolument rien, et dont nous ne pouvons aborder l'étude sans nous égarer dans un labyrinthe inextricable. Avec lui, au contraire, nous pouvons pénétrer sans crainte de nous égarer dans la nuit des temps; nous pouvons d'un coup d'œil synthétique embrasser toute une époque historique; nous avons en un mot sous les yeux une miniature fidèle des évènements dispersés dans l'immensité des temps.

Si la chronologie est la partie la plus importante, la véritable base de toute étude historique, il faut reconnaître aussi qu'elle en est la plus difficile. Sans doute, on peut sans grand effort classer dans sa mémoire quarante ou cinquante époques importantes, encore les oublie-t-on bientôt. Mais, s'agit-il de retenir les mille ou douze cents principales dates de l'histoire universelle, c'est là, il faut le reconnaître, un travail qui demande de longs et persévérants efforts, et que l'on ne peut exiger que de celui qui fait de l'étude de l'histoire une véritable spécialité.

C'est à cette difficulté presqu'insurmontable, qu'il faut attribuer la regrettable lacune qui se fait remarquer dans les études historiques. On n'entreprend même pas ce que l'on est certain de ne pouvoir achever, et l'ignorance est telle sur ce point, qu'il n'est pas rare de trouver de jeunes bacheliers qui ne sauraient dire, à un siècle près, la date de l'avènement de Louis xiv. Il n'est certainement pas un professeur qui ne soit convaincu de l'importance de la connaissance des dates; mais aussi, il n'en est pas un qui ne connaisse, par sa propre expérience, toute la difficulté de cette étude. De là vient qu'il n'exige pas de ses élèves un travail qu'il sait être au-dessus de leurs forces.

Combler cette malheureuse lacune, rendre attrayante et facile une étude jusqu'ici hérissée de difficultés, tel est le but de ce petit ouvrage. Le système qui en est la base n'est pas nouveau : proposé depuis longtemps par M. Aimé Paris, il est jusqu'ici resté à l'état de théorie. Je viens le placer sur le terrain de la pratique, en publiant des formules que l'étudiant peut apprendre par cœur sans avoir l'ennui de les préparer lui-même. Sans doute, une plume plus exercée que celle d'un homme spécialement adonné aux sciences, eût obtenu de meilleurs résultats. Pourquoi un littérateur ne l'a-t-il pas entrepris? — C'est ce que je me suis souvent demandé. Peut-être la longueur et l'aridité de ce travail, plus mécanique qu'intellectuel, le peu d'avantage que devait en retirer l'auteur, ont empêché jusqu'ici des hommes spéciaux de l'entreprendre. Il y avait un service à rendre à la jeunesse, et c'est dans cette vue que je me suis mis à l'œuvre. Si je n'ai pas complètement réussi, que du moins mes bonnes intentions me garantissent l'indulgence du lecteur. Je me croirais amplement dédommagé, si mon travail, malgré ses imperfections, pouvoit contribuer à révéler tout ce que renferme d'avantages l'emploi de la méthode de M. Aimé Paris.

Un mot aux aspirants au baccalauréat, auxquels est spécialement destiné ce petit traité. Qu'ils se persuadent bien que l'examen va gagner en difficulté ce qu'il perd en étendue, et que la connaissance des dates n'est rien moins que facultative. D'ailleurs, ne fût-elle pas formellement exigée, quelques dates, placées à propos dans le cours du récit, ne pourraient que donner à l'examinateur une heureuse idée de l'érudition du candidat, et le disposer favorablement.

EXPOSÉ DU SYSTÈME.

Substituer à l'expression numérique d'une date, un ou plusieurs mots de la langue usuelle, offrant des articulations qui correspondent au nombre indiqué, et lier par un rapport intime ce mot ou ces mots à l'événement dont ils indiquent la date : tel est le principe fondamental de la science mnémonique.

Pour arriver à ce résultat, il faut partir de la convention suivante :

Toutes les articulations de notre langue peuvent se ranger dans dix catégories.

1° L'articulation *t*, dans laquelle doit rentrer l'articulation *d ;* car t et d ont le même son dans *grand homme*, *petit homme*.

2° L'articulation *n*, à laquelle il faut joindre l'articulation *gn ;* car cette dernière a le son de n dans *magnifique*, *oignon*, etc.

3° L'articulation *m*.

4° L'articulation *r*.

5° L'articulation *l*.

6° L'articulation *j*, dans laquelle on fait rentrer *ch* (doux), qui a presque le son de j dans *achever*, *chevaucher*, *chatouiller*, etc.;

puis l'articulation *g* (doux), qui a absolument le son du j dans *geolier*, *pigeon*, etc.

7° L'articulation *q*, à laquelle il faut joindre *k*, qui a le son de q dans *koran*, *mameluk*; *g* (dur), qui a presque le son de q dans *gondole*, *gardien*, enfin *c* (dur), qui a absolument le son de q dans *Macon*, *colère*, etc.

8° L'articulation *v*, dans laquelle rentre l'articulation *f*, qui la remplace dans certaines circonstances : Ainsi, les adjectifs terminés en ef, if, ont leur féminin en ve; exemple : rétrospectif, actif, qui font rétrospective, active.

9° L'articulation *p*, à laquelle il faut joindre *b*, qui a le son de p dans *obtenir*.

10° L'articulation *s*; puis *c* (doux), qui a le son de s dans *ceci*, *décès*, *garçon*; *z*, qui a le son de s dans *zéphir*, *zénon*; enfin, *x*, qui a le son de s dans *dixième*, *deuxième*.

En représentant cette dernière articulation par zéro, et les neuf premières par les chiffres que nous avons placés en regard, nous verrons que toutes les articulations de notre langue correspondent à un des dix chiffres de notre système numérique. C'est ce que nous résumons dans le tableau suivant :

1	2	3	4	5	6	7	8	9	0
t	n	m	r	l	j	q	v	b	s
d	gn				g doux	k	f	p	x
					ch doux	c dur	w		z
						ch dur			c doux
						g dur			

En lisant ce qui précède, on pourrait croire que les règles de la mnémonique sont encore assez difficiles et assez longues à apprendre; mais il n'en est rien. Il suffit de les lire une seule fois avec attention, pour se les graver dans la mémoire. D'ailleurs, on pourra s'aider des observations suivantes :

t correspond à 1, parce que dans l'écriture on représente souvent le t par un simple jambage assez semblable au chiffre 1.

n correspond au chiffre 2, parce que cette lettre est portée sur deux pieds.

m correspond au chiffre 3, parce qu'elle a trois pieds.

r correspond au chiffre 4, parce que l'air de notre atmosphère est composé de quatre gaz mélangés : oxigène, azote, acide carbonique, vapeur d'eau.

l correspond au chiffre 5, parce que cette lettre est la cinquième du mot Napoléon.

g (doux) correspond au chiffre 6, parce que un g, tel qu'on l'écrit ordinairement, ressemble beaucoup au chiffre 6 retourné.

q correspond au chiffre 7, parce que beaucoup de personnes ont l'habitude d'écrire cette lettre sans la fermer du haut; de cette manière elle ressemble beaucoup à un chiffre 7.

v correspond au chiffre 8, parce que souvent on écrit le chiffre 8 sans le fermer du haut; de cette manière il ressemble à un V majuscule.

b correspond au chiffre 9, parce qu'un b renversé est semblable à un chiffre 9.

s correspond au chiffre 0, parce que le sigma grec est presque semblable à un zéro.

Enfin, on pourra encore s'aider de la phrase suivante, qui résume tout le système :

<pre>
0   1   2   3   4   5   6   7   8   9
</pre>
C'est un ami réel et chaud qu'on voit peu.

Ainsi, d'après les conventions précédentes, si nous voulons représenter la date de la mort de Racine (1699), nous pourrons dire :

1   6   9   9

Racine, en poésie, est un géant pompeux.

Pour la ruine de Numance (134), nous aurons :

1   3   4

Numance fut détruite ; en elle tout mourut.

Pour l'abdication de l'empereur Charles-Quint (1555), nous aurons :

1   5   5   5

Charles, de ses sujets délia les liens.

Comme on le voit, les voyelles ne comptent pour rien. On compte aussi pour rien les consonnes qui sont doublées : ainsi, *taille* compte pour 15 et non pour 155. Enfin, on ne tient pas compte des consonnes qui ne se prononcent pas directement : ainsi, dans la première formule (1699), nous n'avons pas tenu compte du *t* du mot *géant*, ni de l'*x* de *pompeux*, parce que ces lettres pourraient être retranchées sans que la prononciation fût changée, elles sont nulles pour l'oreille ; de même dans la seconde formule, nous ne tenons pas compte du *t* de *tout*, ni de celui de *mourut* ; dans la troisième, nous négligeons les *s* qui terminent les mots *les* et *liens*, parce qu'elles sont nulles pour l'oreille. C'est pour cela aussi que l'on ne compte pas les syllabes nasales formées par les cinq voyelles suivies des consonnes *m* et *n* : ainsi, *am, em, im, om, um, an, en, in, on, un* ; par exemple, *entretenir, entourer, embrasser*, représentent 14124, 14, 940. Au contraire, ces mêmes consonnes ne sont pas nasales, et comptent par conséquent dans les mots suivants : *dôme, dîner, ami.*

Nous ajoutons que la meilleure, ou plutôt la seule manière d'apprendre la mnémonique, c'est de la pratiquer. Il faut donc apprendre de suite les dates mnémonisées, dès qu'on a lu attentivement les explications qui précèdent. Chaque formule nouvelle offre l'occasion de repasser les règles, qu'on achève aussi d'apprendre parfaitement sans peine, sans ennui, tout en les appliquant [1].

Ce n'est pas la première fois que des amis de la jeunesse cherchent à introduire dans les études le système mnémonique de M. Aimé Paris; mais les essais tentés jusqu'à ce jour ont malheureusement été infructueux, et les élèves se sont persuadés qu'il est moins difficile de retenir les chiffres des dates que de fixer dans leur mémoire les formules qu'on leur présente.

On se rendra compte assez facilement de cet échec, pour peu que l'on prenne le soin d'examiner comment ce système a été exposé jusqu'ici. Une phrase courte et insignifiante, qui bien souvent n'avait avec l'événement qu'un rapport très-caché et très-éloigné,

[1] On pourra, comme exercice, s'amuser à traduire les vers suivants, dans lesquels toutes les consonnes sonores ont été remplacées par les chiffres correspondants :

.... 0ous 3oi 1one 0e11e 14ou9e 0'a8an0e
Et 9o11e 0u1 0ou 8iont u2e 3a5e a00n4an0e.
2ous 9a111Bes 0inq 0ents : 3ais 9a1 un 94ompt 4en8o1t
2ous 2ous 81Bes 14o's 'Bi55e en a141i8an1 au 9o11 :
1an1 à 2ous 8o11 3a16e1 a8e7 un 1e5 8i0a6e,
5es 95u0 é9on8antés 4e94e2aient 1e 7ou1a6e.
6'en 7a6e 5es 1eux 1ie1s au00i1ot 7'a111sés,
1ans 5e 8ond 1es 8ai00eaux 7ui 50is 8ulent 1iou8es.
5e 4e01e, 1out 5e 2om94e au73en1ait à 1oute heu1e.
94u5ant 1'im9a0ien0e, au1ou1 1e 5oi 1e8eu1e,
0e 7ou6e 7on11e 1e44e et, 0ans 8ai1e au7un 9iu1t,
9a00e u2e 9o22e 9a1t 1'n2e 0i 9e55e 2uit.

(CORNEILLE. *Le Cid.* Acte IV. Sc. III.)

telle était l'unique formule que l'on donnait comme moyen mnémonique. Or, dans un pareil système, l'objection n'est pas sans
fondement ; et on ne peut se dissimuler qu'il est aussi difficile
d'apprendre une forme ainsi construite que de retenir les dates
elles-mêmes.

A ce système en a succédé un autre, qui consistait à construire
une phrase en prose tantôt longue, tantôt courte, et dans laquelle,
soit au commencement, soit à la fin, se trouvait insérée la formule.
C'était une amélioration ; ici, du moins, la phrase à retenir pré-
sentait un sens à l'esprit, et, par une association naturelle d'idées,
rappelait l'événement dont il était question. Mais n'est-il pas vrai
qu'une phrase en prose, composée d'un nombre indéterminé de
syllabes, présente à la mémoire bien des difficultés ? Sans doute,
le sens s'en retient facilement ; mais en est-il de même des mots ?
Et qui m'assurera que la substitution de quelque synonyme ne
viendra pas réduire au néant tout notre système mnémonique ? On
sait, d'ailleurs, combien il est difficile d'apprendre par cœur de
la prose, en évitant ces substitutions.

Ces inconvénients sont réels, mais ils ne prouvent rien contre
le système mnémonique, et montrent seulement que jusqu'ici on
l'a mal appliqué. A mon avis, ils disparaissent en grande partie,
si l'on substitue à cette phrase en prose, d'une longueur indéter-
minée, un vers alexandrin dont les dernières syllabes indiquent la
date à retenir ; car, d'une part, il est toujours facile de renfermer
dans un vers de douze syllabes, une pensée qui se rattache à un
événement ; et, d'un autre côté, toute substitution de mot, tout
changement, devient sinon impossible, du moins très-difficile,
pour peu que l'on soit habitué à la lecture des vers français.
Enfin, l'extrême facilité avec laquelle les mémoires exercées
apprennent les vers français, rend l'étude des formules ainsi

composées plutôt un amusement qu'une difficulté sérieuse.

Avec cette modification, est-il encore vrai de dire que l'étude des dates elles-mêmes est aussi facile que celle des formules? Je n'hésite pas à affirmer le contraire. Sans doute, pour un élève qui voudrait, à un jour donné, connaître cent ou cent-cinquante dates pour les oublier le lendemain, je conviens que, s'il est doué d'une mémoire assez heureuse, il pourra, en parcourant une chronologie, se les approprier momentanément. Mais, veut-il connaître toutes les principales dates de l'histoire universelle, et les connaître pour toujours, il n'y parviendra que très-difficilement par la méthode ordinaire, tandis qu'avec le système mnémonique, il lui suffira d'apprendre huit à neuf centaines de vers français, chose assurément très-facile pour un jeune homme qui a l'habitude d'exercer sa mémoire. Ces formules une fois classées dans son esprit, il pourra les oublier momentanément, mais jamais les perdre ; elles y resteront toujours, en quelque sorte, à l'état latent, et une simple lecture, faite tous les deux ans, par exemple, suffira pour les lui rappeler. Ces faits me sont acquis par de nombreuses expériences. Il y a plus : c'est que la simple connaissance de ces formules lui donnera, sur les principaux événements de l'histoire universelle, des notions qu'il aurait entièrement perdues sans ce moyen. S'il connaît, par exemple, la formule qui se rapporte à l'invasion teutonique :

Les Cimbres, les Teutons sont vaincus *désunis,*

cette formule lui rappellera, non-seulement la date 102, mais aussi que ces barbares n'ont été vaincus par Marius, que parce que ce consul les a attaqués séparément, d'abord à Aix, puis à Verceil.

La formule de l'avénement de Louis XIV,

Louis le Grand, Rocroy l'annonce au *genre humain,*

nous rappelle, non-seulement la date 1643 [1], mais encore la victoire du duc d'Enghien, à Rocroy, cinq jours seulement après l'avènement du grand roi.

Je pourrais multiplier les exemples, mais j'ai hâte de terminer cette introduction déjà trop longue. Cependant je ne veux pas entrer en matière sans prier mes lecteurs d'excuser les nombreuses licences que je me suis permises dans la construction de mes vers, et de vouloir bien se souvenir que je n'ai point voulu faire de la poésie. Le vers est ici le moyen et non la fin.

[1] On remarquera que, pour les dates postérieures à l'an 1000, je me suis contenté de faire entrer dans la formule les trois derniers chiffres. J'ai pensé avec raison que les notions historiques que possède un étudiant ne sont jamais assez confuses pour qu'il puisse se tromper de mille ans sur une date de l'histoire moderne.

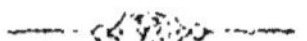

MANUEL

DE MNÉMONIQUE.

Première Série.

HISTOIRE ANCIENNE.

I.

Histoire du peuple Hébreu.

4963, d'après la chronologie des Bénédictins, et 4004, d'après
la chronologie usuelle. — CRÉATION DU MONDE.

Dieu disait au serpent : Maudit, *rampe à jamais.*
La terre est bienheureuse, elle *reçoit son roi.*

3308 (Bénédictins), 2348 (usuelle). — DÉLUGE.

La terre dit : Je perds à *jamais mes enfants;*
Dans ce désastre immense, au port *un homme arrive.*

2958 (Bénédictins), 1998 (usuelle). — MORT DE NOÉ.

Jamais abondamment, Japhet, *ne bois le vin.*
Dit Noé, qui descend dans le *tombeau bien vieux.*

Le patriarche, en donnant ses dernières instructions à son fils
Japhet, faisait sans doute allusion à l'ivresse qui le surprit, lorsque
pour la première fois il goûta le fruit de la vigne.

2296 (Bénédict.), 1926 (usuelle). — VOCATION D'ABRAHAM.

Pour obéir à Dieu, Sara, *nous nous bougeons;*
Nous serons, m'a-t-il dit, souche *des bonnes gens.*

Ce fut sans doute à peu près en ces termes qu'Abraham annonça à Sara, son épouse, leur départ pour la terre de Chanaan, et les merveilleuses promesses du Seigneur.

2241 (Bénédictins), 1871 (usuelle).— SACRIFICE D'ABRAHAM.

A ton ordre sacré, Seigneur, *nous nous rendons*,
Adieu, cher Isaac, que Dieu soit *avec toi*.

Ainsi parle Abraham, au moment où il va immoler son fils.

2090 (Bénédict.), 1716 (usuelle).— ÉLÉVATION DE JOSEPH.

La divine bonté par toi sur *nous s'abaisse*;
Oublie, en nous sauvant, tes *antiques dangers*.

On peut mettre ces paroles dans la bouche des fils de Jacob, lorsqu'ils retrouvent à la cour d'Egypte, puissant et honoré, ce Joseph qu'ils ont voulu faire périr.

2076 (Bénédictins), 1701 (usuelle). — JACOB EN ÉGYPTE.

A repeupler Gessen, Pharaon *nous engage*;
Allons donc au pays de *l'antique Satan*.

Pour Jacob et sa famille, qui connaissaient le vrai Dieu, l'Egypte, ce foyer d'idolâtrie, ne pouvait qu'être le pays de Satan.

1725 (Bénédictins), 1571 (usuelle). — NAISSANCE DE MOISE.

Il flottait sur les eaux de notre *antique Nil*;
Sans doute, Dieu des Juifs, vers nous *tu l'as conduit*.

La fille de Pharaon raconte en ces termes à ses compagnes comment elle a sauvé des eaux cet enfant du miracle.

1645 (Bénédictins), 1491 (usuelle). — SORTIE D'EGYPTE.

Roi d'Égypte, engagé dans un *dangereux lien*,
Reconnais ton erreur : il est *temps, repens-toi*.

Ceci s'adresse au Pharaon Aménophis, au moment où les eaux de la mer Rouge vont l'engloutir.

1605 (Bénédictins), 1452 (usuelle). — MORT DE MOISE.
ENTRÉE DES HÉBREUX DANS LA TERRE PROMISE.

Au sommet du Nébo, Moïse, *tu chancelles*;
Bientôt, de Josué Dieu nous *dira le nom*.

Moïse mourut sur le mont Nébo. Il ne vit que de loin la terre promise ; Josué lui succéda.

1142 (Bénédictins), 1117 (usuelle). — MORT DE SAMSON.

La force, je le vois, Samson, *dans toi renait ;*
Mais pour vaincre, à toi-même aujourd'hui *tu t'attaques.*

Rasé par les Philistins, Samson avait perdu sa force : mais, lorsque ses cheveux commencèrent à repousser, il ébranla les colonnes du temple où il se trouvait avec 3000 de ses ennemis, et il périt écrasé avec eux.

1080. SAÜL, PREMIER ROI JUIF.

Saül, Samuël sent cette *odieuse offense.*

Saül, qui devait son élévation au prophète Samuël, s'isola peu à peu de lui, et, au moment de combattre, il osa offrir à sa place le sacrifice au Seigneur.

1040. DAVID ROI.

Dieu contre Goliath, ô David, *t'exerça.*

C'est en tuant le géant philistin Goliath, que David gagne le cœur des Hébreux.

1001. SALOMON.

Salomon fit entrer l'arche *dans sa cité.*

Ce prince acheva le temple de Jérusalem, et y plaça l'arche sainte.

991. DÉDICACE DU TEMPLE DE JÉRUSALEM.

Grand Dieu ! nous te vouons ce temple *bien bâti.*

962. SCHISME DES DIX TRIBUS.

Ils disent : Roboam, ne régnez *pas chez nous.*

Ainsi parlent les Juifs des dix tribus qui se séparent de Roboam.

718. DESTRUCTION DU ROYAUME D'ISRAEL.

Grand Dieu, tu sais punir et frapper *quand tu veux.*

Cet évènement peut être considéré comme une punition divine de l'idolâtrie et des désordres du roi d'Israël.

658. JUDITH ET HOLOPHERNE DEVANT BÉTHULIE.

Je poignarde Holopherne, et sa tête *j'enlève.*

597. DESTRUCTION DU ROYAUME DE JUDA ; CAPTIVITÉ.

Jérémie a prédit cette terrible *époque.*

Dès le règne de Joachim, les prophéties menaçantes de Jérémie avaient annoncé aux Juifs les malheurs qui devaient fondre sur eux.

536. ÉDIT DE CYRUS ; FIN DE LA CAPTIVITÉ.

Cyrus, de Zoroastre adopte *la magie.*

Ce prince donna pour religion au vaste empire qu'il avait fondé, le magisme de Zoroastre.

519. ESTHER ; RESTAURATION DU TEMPLE.

Esther est pour les Juifs un doux *lien de paix.*

Le rétablissement du temple, le retour des Juifs qui se trouvaient encore à Babylone, furent dus à son intercession.

453. RÉVISION DES LIVRES SAINTS PAR ESDRAS.

Esdras, des livres saints le feu sacré *rallume.*

332. ALEXANDRE-LE-GRAND EN JUDÉE.

Le grand-prêtre lui dit : Salut, *homme éminent !*

Alexandre, dit-on, n'entra pas dans Jérusalem, mais il reçut dans son camp la visite du grand-prêtre Joïada, qui lui prédit ses succès.

277. VERSION DES SEPTANTE.

Des saints livres hébreux c'était *l'unique écho.*

186. LA JUDÉE DÉFINITIVEMENT RÉUNIE A LA SYRIE.

Le Juif de mains en mains trop long*temps voyagea.*

Après le partage qui suivit la bataille d'Ipsus, la Judée appartint d'abord aux Séleucides, puis aux Lagides; enfin, en 186, elle revint définitivement à ses anciens maîtres, les rois de Syrie.

176. CHATIMENT D'HÉLIODORE.

Héliodore, un Dieu sur le parvis *le couche.*

Au moment où Héliodore, ministre de Séleucus Philopator, pénétrait dans le temple de Jérusalem pour le piller, il se sentit repoussé et atterré par une force invisible.

166. EXPLOITS DE JUDAS-MACHABÉE.

Courage, Machabé, Dieu seul sera *ton Juge*.

36. HÉRODE ROI.

Hérode n'ira pas au nombre des rois *mages*.

L'Évangile nous apprend que ce prince n'alla pas avec les rois mages adorer le Messie à sa naissance; mais qu'il les pria de venir à leur retour lui apprendre où était né cet Enfant divin, afin, disait-il, que lui aussi allât l'adorer.

4. NAISSANCE DE JÉSUS-CHRIST.

Jésus-Christ, en naissant, apporte aux Juifs un *Roi*.

70 (après Jésus-Christ). TITUS DÉTRUIT JÉRUSALEM.

L'impitoyable faim causa bien des *excès*.

On vit, dit l'historien Josèphe, des mères dévorer le fruit de leurs entrailles.

135 (après Jésus-Christ). DISPERSION DES JUIFS.

Barcocab de son sang, ô Bitther, *t'a mouillée*.

Jérusalem, détruite par Titus, fut rebâtie sous le nom de Bitther. Hostiles à Rome depuis ce temps, les Juifs tentèrent de fréquentes révoltes. Enfin, un imposteur nommé Barcocab les souleva une dernière fois sous le règne d'Antonin, en se disant le Messie. Il fut vaincu et massacré avec un grand nombre de Juifs.

II.

Histoire des Egyptiens.

2550. FONDATION DU ROYAUME D'ÉGYPTE.

Du joug sacerdotal le grand *Nil est lassé*.

Les pays baignés par le Nil avaient longtemps été dominés par la caste des prêtres. Ce fut seulement en 2550 que Ménès montant sur le trône, au gouvernement des prêtres succéda celui des rois.

1615. RÈGNE DE SESOSTRIS OU RHAMSÈS.

Rhamsès aime la guerre; elle *est un jeu royal*.

Grand guerrier, Sésostris parcourt en vainqueur l'Ethiopie, l'Asie-Mineure, la Scythie, la Thrace.

713. SÉTHOS, PRÊTRE DE VULCAIN, DÉLIVRE L'ÉGYPTE DU JOUG DES ÉTHIOPIENS.

Séthos disait : Vulcain, au combat *conduis-moi*.

656 PSAMMITIQUE SEUL ROI D'ÉGYPTE.

Longtemps dans les marais du Delta *j'ai logé*.

Chassé par ses onze collègues, Psammitique avait été forcé de se réfugier dans les marais du Delta. S'étant mis à la tête de quelques soldats grecs échoués sur le rivage, il marcha contre ses collègues, les vainquit, et demeura seul roi d'Egypte.

525. L'ÉGYPTE PROVINCE PERSANE.

Psamménit est contraint d'évacuer *le Nil*.

Psamménit, vaincu par Cambyse ii sous les murs de Péluse, se réfugie sur les bords du Nil, où il éprouve un nouvel échec.

III.

Assyriens, Babyloniens, Mèdes et Perses.

2680. NEMROD FONDE BABYLONE.

Nemrod mourut, dit-on, dans *un âge avancé*.

1994. PREMIER EMPIRE D'ASSYRIE, FONDÉ PAR BÉLUS.

Bélus l'Assyrien devient *un pompeux roi*.

1968. NINUS.

Ninus, pour voyager, avait *de bons chevaux*.

Ce prince parcourut plusieurs fois en vainqueur tout le pays qui s'étend de l'Egypte à la Bactriane.

1916. SÉMIRAMIS.

Sémiramis obtint l'amour *de bien des gens*.

759. FIN DU PREMIER EMPIRE D'ASSYRIE, SOUS SARDANAPALE.

Sardanapale est mort; ô grand Dieu, *quel impie !*

747. ÈRE DE NABONASSAR.

Nabonassar, alors, par la mort est *croqué*.

L'ère de Nabonassar commence à l'année de sa mort.

680. BABYLONE PRISE PAR ASSARHADON.

Pour la seconde fois, Ninive, *je vous suis*,

Dit Babylone, qui devient alors pour la seconde fois tributaire de sa rivale.

667. NABUCHODONOSOR, 1.er ROI DE NINIVE.

Nabuchodonosor dit : Les Mèdes *je choque*.

Ce prince débuta par une éclatante victoire sur les Mèdes. Leur roi Phraorte fut tué dans l'action.

625. NABOPOLASSAR FONDE LE II.e EMPIRE D'ASSYRIE.

Nabopolassar dit : Ninive *j'annihile*.

Nabopolassar, qui était gouverneur de Babylone, donna cette ville pour capitale au second empire d'Assyrie. Ninive fut donc annihilée.

605. NABUCHODONOSOR II LE GRAND, ROI DU II.e EMPIRE D'ASSYRIE.

Malgré tous ses succès, sur le trône il *chancelle*.

Ce prince finit malheureusement sa vie, malgré ses éclatantes victoires sur les Egyptiens, les Juifs, les Tyriens.

538. BABYLONE PRISE PAR CYRUS; MORT DE BALTHASAR.

Balthasar, éperdu, s'écriait : *L'on m'en veut*.

536 CYRUS FONDE L'EMPIRE MÉDO-PERSE.

Cyrus, de Zoroastre adopte *la magie*.

548. BATAILLE DE THYMBRÉE; CHUTE DE CRÉSUS.

Le mot du grand Solon en ce temps *lui revint*.

Solon! Solon! s'écrie Crésus en montant sur le bûcher: et ce souvenir lui sauve la vie.

IV.

Phéniciens.

879. FONDATION DE CARTHAGE PAR DIDON, PRINCESSE PHÉNICIENNE.

Sur le sol africain, Didon, tu *vins camper*.

572. PRISE ET DESTRUCTION DE TYR PAR NABUCHODO-
NOSOR II; — SIÉGE DE TREIZE ANS.

Pendant treize ans entiers Tyr est à *l'agonie*.

331.   PRISE ET DESTRUCTION DE TYR
PAR ALEXANDRE-LE-GRAND.

Alexandre disait : Dans Tyr on *me maudit*.

V.

Grecs. — Temps héroïques.

1986. INACHUS DANS L'ARGOLIDE.

Inachus s'expatrie ; on lui *dit : Bon voyage*.

Inachus était égyptien ou phénicien ; il quitta sa patrie pour venir s'établir en Grèce.

1643. CÉCROPS L'ÉGYPTIEN ARRIVE EN ATTIQUE.

Cécrops, il est, ma fille, esclave de *tes charmes*.

C'est en ces termes qu'Actéus propose à sa fille de lui donner Cécrops pour époux.

1550. CADMUS EN BÉOTIE.

Ne pouvant retrouver Europe, *tu la laisses*.

Cadmus avait été envoyé par son père Agénor, à la recherche de la belle Europe sa sœur. Il ne put remplir sa mission.

1879. FONDATION DE SPARTE PAR SPARTON.

Au bord de l'Eurotas, Sparton, *tu viens camper*.

Sparte était bâtie sur l'Eurotas.

1380. PÉLOPS DANS LE PÉLOPONÈSE.

Pélops dit : OEnomaüs, en ces lieux *tu me fixes*.

Il épouse la fille d'OEnomaüs roi d'Élide, et succède à ce prince.

1323. THÉSÉE, ROI D'ATHÈNES.

Thésée adroitement finit *d'un mot nos maux*.

Il tua le minotaure, et délivra ainsi les Athéniens du tribut honteux qu'ils payaient à Minos.

1350. VOYAGE DES ARGONAUTES.

O Jason, dit Médée, en tes bras *tu m'enlaces.*

Jason, chef de l'expédition, revint en Thessalie avec Médée fille du roi de Colchide.

1313. GUERRE DES SEPT CHEFS DEVANT THÈBES

Etéocle disait : Frère, *tu mens, tu mens.*

Telle fut la réponse qu'Etéocle fit à Polynice, lorsque celui-ci vint lui rappeler leurs engagements, et réclamer le trône à son tour pour une année.

1270. PRISE DE TROIE.

Exécrable Ithacien, que de maux *tu nous causes !*

Imprécations des Troyens vaincus contre Ulysse.

1184. INVASION ET CONQUÊTE DES DORIENS.

Reconquérir nos droits, amis, *c'est un devoir.*

Les Héraclides, tant de fois repoussés, s'excitaient par ces paroles à faire de nouveaux efforts pour envahir le Péloponèse, qu'ils appelaient leur héritage.

VI.

Sparte et Athènes jusqu'aux guerres médiques.

1132. DÉVOUEMENT DE CODRUS; LES ARCHONTES A ATHÈNES

Peuple, honore Codrus, par sa mort *tu domines.*

La mort de Codrus décida la victoire en faveur d'Athènes, et les Doriens prirent la fuite.

776. ÈRE DES OLYMPIADES.

Corœbus, il est plus arrogant *qu'un géant.*

Les Grecs choisirent pour ère l'année où un célèbre lutteur nommé Corœbus remporta le prix.

624. LOIS DE DRACON A ATHÈNES.

Dracon l'Archonte dit : Moi, jamais *je ne ris.*

Cette parole peint la sévérité de son caractère.

593. LOIS DE SOLON A ATHÈNES.

Aux maux des Athéniens Solon porte *le baume*.

Le meilleur remède à apporter aux divisions qui déchiraient Athènes, c'était un sage code de lois.

886. LOIS DE LYCURGUE A SPARTE.

Ayant dicté ses lois, Lycurgue *fit voyage*.

Lycurgue fit jurer aux Spartiates d'observer ses lois jusqu'à son retour, et partit pour ne plus revenir.

744. PREMIÈRE GUERRE DE MESSÉNIE.
682. DEUXIÈME GUERRE DE MESSÉNIE.

On offre aux immortels une jeune *guerrière*.
Le poëte Tyrté les Messéniens *chiffonne*.

Dans la première, le prince messénien Aristodème immole lui-même sa fille en expiation.

Dans la seconde, le poëte Tyrtée, par ses sublimes harmonies, anime les Lacédémoniens au combat.

544. PREMIÈRE GUERRE D'ARGOLIDE.
514. DEUXIÈME GUERRE D'ARGOLIDE.

Cette guerre nous montre une bataille *rare*.
Sparte de l'Argolide assujettit *la terre*.

La première est remarquable par le combat des 300.
La seconde se termine par la soumission de l'Argolide.

561. PISISTRATE A ATHÈNES.

Pisistrate est adroit ; il séduit, *il enchante*.

528. HIPPARQUE ET HIPPIAS.

Hipparque fut, dès-lors, à *la haine voué*.

Dès-lors, c'est-à-dire dès le moment où il eut outragé la sœur d'Harmodius et d'Aristogiton.

––––––––––

VII.

Grecs. — Guerres médiques.

490. DÉFAITE DE DARIUS I.ᵉʳ A MARATHON.

Marathon du grand Roi la fierté *rabaissa*.

485. XERCÈS SUCCÈDE A DARIUS.

L'ardeur de la vengeance en Xercès se *réveille*.
Il entreprend de venger la défaite de son père.

480. LES THERMOPYLES ; SALAMINE.

Léonidas sommé, le passage *refuse*.

479. BATAILLE DE PLATÉE.

Platée est pour les Grecs un bienheu*reux combat*.
110 mille Grecs, sous Pausanias, triomphent des 350 mille Perses de Mardonius.

471. BATAILLE DE L'EURYMÉDON.

Ces quatre-vingts vaisseaux ne nous ont *rien coûté*.
Cimon y capture 80 voiles phéniciennes.

449. FIN DES GUERRES MÉDIQUES.

La Grèce rentre alors dans son *heureux repos*.

VIII.

Grecs après les Guerres médiques.

468. COMMENCEMENT DE PÉRICLÈS.

Dès ce jour Périclès devient un *heureux chef*.

431. GUERRE DU PÉLOPONÈSE.

Pour marcher au combat, Périclès, *arme toi*.
Périclès dirigea les Athéniens pendant les deux premières années de cette guerre.

429. PESTE D'ATHÈNES ; MORT DE PÉRICLÈS.

Périclès aujourd'hui finit son *règne beau*.

416. EXPÉDITION DE SICILE.

Athènes, par sa faute, est de son *rang déchue*.
Cette expédition insensée porta le coup le plus funeste à la puissance athénienne.

405. BATAILLE D'AGOS-POTAMOS.

Vaincus de Potamos, bientôt vous serez *seuls*.

Cette bataille fit perdre aux vaincus tous leurs alliés

404. PRISE D'ATHÈNES PAR LYSANDRE.

Les murs de ton Pyré Lysandre *rasera*.

Le vainqueur fit raser les fortifications du Pyrée.

IX.

Grecs et Perses jusqu'à Philippe.

403. DÉLIVRANCE D'ATHÈNES PAR THRASYBULE.

Peuples, de Thrasybule honorez l'*héroïsme*.

401. BATAILLE DE CUNAXA ; RETRAITE DES DIX MILLE.

Cyrus, en Occident pourquoi n'es-tu *resté ?*

Dit Artaxercès Mnémon.

395. SUCCÈS D'AGÉSILAS EN ASIE.

Du sein de mes succès, à Sparte l'on *m'appelle*.

Il fut rappelé dans le Péloponèse pour défendre sa patrie.

394. CONON, VAINQUEUR A CNIDE, RÉTABLIT LES MURS D'ATHÈNES.

Conon dit : J'ai servi mon pays pour *ma part*.

394. VICTOIRE D'AGÉSILAS A CORONÉE.

Coronée a fait voir la force de *mon bras,*

Dit Agésilas.

387. TRAITÉ D'ANTALCIDAS.

Sparte peut s'écrier : Mes succès *m'ont vaincue*.

En haine d'Athènes sa rivale, Sparte, victorieuse, conclut avec le roi de Perse cet ignominieux traité, par lequel elle annihilait la glorieuse campagne d'Agésilas. Elle fut donc vaincue, malgré ses succès.

382. OCCUPATION DE LA CADMÉE.

Plébidas est d'abord comme un *ami venu*.

Ce général n'eut d'abord pour but avoué, que d'interposer sa médiation entre les deux factions ennemies qui entretenaient la discorde dans Thèbes.

378. DÉLIVRANCE DE THÈBES.

Des sérieux avis aujourd'hui *moquez-vous*.

A demain les affaires sérieuses, avait répondu le gouverneur lacédémonien, lorsqu'on lui apportait une lettre contenant tous les détails de la conjuration d'Epaminondas et de Pélopidas.

371. BATAILLE DE LEUCTRES.

Leuctres, combien de pleurs, hélas, tu *m'as coûtés* !
Dit Lacédémone.

363. BATAILLE DE MANTINÉE.

Epaminondas dit : J'ai bien fait *mon chemin*.

Ce héros Thébain mourut au sein de sa victoire.

X.

Macédoniens et Grecs sous Philippe et Alexandre.

359. AVÈNEMENT DE PHILIPPE EN MACÉDOINE.

L'orateur Démosthène a presqu'éteint *ma lampe*,

Dit Philippe. L'éloquence du grand orateur, en dévoilant aux Athéniens les vues ambitieuses du Macédonien, faillit faire échouer tous ses projets.

355. PREMIÈRE GUERRE SACRÉE.
339. DEUXIÈME GUERRE SACRÉE.

Philippe d'Apollon est-il *ami loyal* ?
Dans Philippe Apollon trouve le *même appui*.

Est-ce loyalement, et pour la défense d'une cause sacrée à ses yeux, que Philippe intervient en Phocide ?.... Ou bien, n'y voit-il qu'une occasion favorable pour s'immiscer dans les affaires de la Grèce ?

348. PRISE D'OLYNTHE PAR PHILIPPE.

Philippe va bientôt réaliser *mon rêve*,

Dit Démosthène, que ses concitoyens traitaient de rêveur, lorsque dans ses véhémentes harangues il leur dévoilait les secrets projets du Macédonien, et leur reprochait leur incurie.

359. GUERRE SOCIALE.

D'Athènes ce conflit mit l'armée *en lambeaux*.

338. BATAILLE DE CHÉRONÉE.

Thèbes dit : De Philippe enfin je *me méfie*.

Thèbes reconnut seulement alors le véritable but du roi de Macédoine.

356. NAISSANCE D'ALEXANDRE.

Oh , de prospérités quel accablant *mélange !*

Dit Philippe. Le jour de la naissance de son fils, il reçut deux
autres heureuses nouvelles. Ce surcroît de prospérités l'accablait , et
il redoutait quelque terrible compensation.

336. AVÈNEMENT D'ALEXANDRE.

Alexandre le Grand n'est pas *homme manchot*.

L'expression proverbiale *il n'est pas manchot*, est synonyme de
c'est un homme capable.

335. PRISE ET DESTRUCTION DE THÈBES.

La Grèce dit alors : Grand roi, je *m'humilie*.

Le sort de Thèbes effraie toute la Grèce, et le calme s'y rétablit
aussitôt.

334. BATAILLE DU GRANIQUE.

Sans Clitus, mes sujets allaient pleurer *ma mort*.

Clitus , dans cette bataille , sauva la vie à Alexandre.

333. BATAILLE D'ISSUS.

Darius près d'Issus est vaincu *mêmement*.

332. ALEXANDRE EN EGYPTE.

Alexandre le Grand va visiter *Memnon*.

331. BATAILLE D'ARBÈLES.

Près d'Arbèles battu , Codoman *me maudit*.

330. DARIUS CODOMAN ASSASSINÉ PAR BESSUS.

Bessus, je vais revoir par ta *main mes aïeux*.

Dernières paroles de Darius mourant.

326. CAMPAGNE DE L'INDE.

Taxile ni Porus ne craint *mon nom géant ,*

Dit Alexandre. La haute renommée du héros macédonien n'empêcha pas Porus de lui disputer vigoureusement le passage de l'Hydaspe.

323. MORT D'ALEXANDRE.

Alexandre n'a rien , pas même un *monument.*

Tous ceux qui l'environnaient, entièrement préoccupés de leurs vues ambitieuses, ne songèrent pas à lui rendre les derniers devoirs.

320. MORT DE PERDICCAS.

Perdiccas, attaqué, tombe la *mine en sang.*

Il fut assassiné en Egypte par ses propres officiers.

322. VICTOIRE D'ANTIPATER A CRANON, FIN DE LA GUERRE LAMIAQUE ; MORT D'HYPÉRIDE.

Contre Hypéride on montre une inhumaine *haine.*

On le mit à la torture pour le forcer à découvrir les secrets projets des Athéniens.

317. MORT DE PHOCION.

Ingrats, dit Phocion , vous osez *m'attaquer !*

C'était en effet reconnaître bien mal ses services et son dévouement.

301. BATAILLE D'IPSUS.

Antigone y périt; il agit en *mazette.*

XI.

Macédoniens et Grecs jusqu'à la conquête romaine

272. MORT DE PYRRHUS; LA GRÈCE LIBRE.

Pyrrhus périt frappé d'une ma*in inconnue.*

Il venait de pénétrer dans les murs d'Argos, lorsqu'il fut tué par une tuile qu'une femme lui lança du haut d'un toit.

252. ARATUS DÉLIVRE SICYONE; LIGUE ACHÉENNE.

Il ne prend de repos ni le jour *ni la nuit.*

L'infatigable activité d'Aratus est devenue proverbiale.

238. MORT D'AGIS.

Dans ce réformateur on voit *un homme fou.*

Ses tentatives de réforme lui coûtèrent la vie.

222. BATAILLE DE SELLASIE.

Cléomène, on te voue *une haine inouïe.*

Vaincu par Antigone Doson, Cléomène sait qu'il n'a rien de favorable à espérer d'Aratus ; aussi se réfugie-t-il en Egypte.

221. PHILIPPE III, ROI DE MACÉDOINE.

Tes impuissants efforts, Philippe, *nous notons,*

Dit Rome. Philippe s'efforce de seconder les vues d'Annibal : Rome, alors sur la défensive, prend note de ses impuissants efforts ; elle en tirera plus tard une vengeance éclatante.

200. GUERRE DE ROME CONTRE PHILIPPE III.

Rome en toi d'Annibal voit *un associé.*

197 PROCLAMATION DE FLAMINIUS.

On fête ce grand jour au milieu *des banquets.*

Lorsque le consul Flamininis proclama aux jeux isthmiques la liberté de la Grèce, celle-ci reçut avec enthousiasme ce don du vainqueur, ne comprenant pas que Rome détruisait à jamais sa puissance, en créant en Grèce autant de souverainetés indépendantes qu'il y avait de cités.

213. MORT D'ARATUS.

Aratus meurt ; il dit à Philippe *anathème !*

Philippe le fit empoisonner à Œgium.

183. MORT DE PHILOPÆMEN.

La Grèce a méconnu son noble *dévoûment.*

178. PERSÉE, ROI DE MACÉDOINE.

Persée, à la vengeance un père *te convie.*

Il avait à venger sur les Romains les défaites de son père Philippe III.

168. BATAILLE DE PYDNA ; CAPTIVITÉ DE PERSÉE.

Au combat de Pydna Paul Emile *l'achève.*

148. DÉFAITE D'ANDRISCUS.

Quoi, tu veux, Andriscus, tromper Rome ! *tu rêves.*

On connaît la fable inventée par Andriscus, pour s'assurer les partisans du dernier roi.

146. BATAILLE DE LEUCOPÉTRA; LA GRÈCE EST RÉDUITE EN PROVINCE ROMAINE.

Mummius sagement le siège *dirigea.*

Il s'empara de Corinthe.

XII.

Syrie sous les Séleucides.

311. SÉLEUCUS NICATOR.

Séleucus Nicator ses enne*mis dompta.*

282. BATAILLE DE CYROPÉDION.

Lysimaque imprudent, tu vois, ta *haine est vaine.*

Lysimaque roi de Thrace, ayant attaqué Séleucus, fut vaincu et tué à la journée de Cyropédion.

255. FONDATION DES ROYAUMES DE PARTHIE ET DE BACTRIANE.

Théos, le Parthe Arsace enton*ne Alleluia.*

Arsace se réjouit d'être roi indépendant.

Ces royaumes furent fondés par Arsace et Théodote révoltés contre Antiochus Théos.

193 GUERRE D'ANTIOCHUS-LE-GRAND AVEC ROME

C'est en vain qu'Annibal inven*te un bon moyen.*

Annibal lui proposa un admirable plan de campagne qui, s'il eût été exécuté, eût mis Rome dans le plus grand danger.

190. BATAILLE DE MAGNÉSIE.

Magnésie a produit la chute *d'un puissant.*

C'est-à-dire la ruine d'Antiochus le Grand.

64. LA SYRIE PROVINCE ROMAINE.

La Syrie à Pompé ne coûta pas trop *cher*.
Pompée n'eut qu'à se présenter pour vaincre.

XIII.

Egypte sous les Lagides.

323. PTOLÉMÉE Ier SOTER.

Soter pour les savants érige un *monument*.
La bibliothèque d'Alexandrie fut érigée par lui.

285. PTOLÉMÉE PHILADELPHE.

Ptolémé Philadelphe est un *agneau fait loup*.
Naturellement clément et humain, ce prince devint cruel et soup-
çonneux à cause des continuels complots de ses frères.

277. VERSION DES SEPTANTE.

Des saints livres hébreux c'était l'*unique écho*.

176. INVASION D'ANTIOCHUS ÉPIPHANE EN ÉGYPTE; CERCLE DE POPILIUS.

Épiphane, à partir Popilius *t'engage*.

44. CLÉOPATRE.

La reine Cléopâtre est d'une beauté *rare*.

30. L'ÉGYPTE PROVINCE ROMAINE.

Pour l'Égypte ce jour ne fut pas *amusant*.

XIV.

Lettres, Sciences, Arts dans la Grèce ancienne.

Poètes : Homère, Sapho, Anacréon, Eschyle, Pindare,
Sophocle, Euripide, Aristophane, Ménandre, Théocrite.

Orateurs : Alcibiade, Lysias. Eschine. Isocrate, Démosthène, Origène.

Historiens : Hérodote, Thucydide. Xénophon, Polybe, Diodore de Sicile, Josèphe, Plutarque.

Philosophes : Thalès, Xénophane, Pythagore, Leucippe, Socrate, Platon. Aristippe, Antisthène, Aristote, Pyrrhon, Epicure, Zénon.

Peintre : Apelles.

Médecin : Hippocrate.

Géomètre : Euclide.

914 (environ). MORT D'HOMÈRE.

Homère, on ne sait pas quelle fut ta *patrie.*

Sept villes se sont disputé la gloire d'avoir été le berceau de ce grand poète.

562. SAPHO.

De Sapho de Lesbos j'admire *le génie.*

Cette femme extraordinaire a été surnommée la dixième muse.

532. ANACRÉON.

Anacréon, dit-on, riante avait *la mine.*

C'est le plus gracieux et le plus aimable des poètes de l'antiquité.

457. ESCHYLE.

Eschyle, nous n'avons de toi que sept *reliques.*

Il ne nous reste que sept des 80 tragédies qu'il composa.

456. PINDARE.

Pindare, j'aime fort tes chants *religieux.*

Les poésies qu'il composa pour les jeux olympiques, les solennités de Delphes et de Corinthe, respirent partout l'amour de la patrie, et un sentiment profondément religieux.

406. SOPHOCLE.

Sophocle, ton Œdipe est un malheu*reux sage.*

Œdipe, le héros de deux tragédies de Sophocle, parricide et incestueux sans le savoir, était à la fois sage et malheureux.

402. EURIPIDE.

Euripide, aujourd'hui ta dernière heure *sonne*.

386. ARISTOPHANE.

Aristophane, enfin de toi la mort *me venge*,

Dit Socrate, du séjour des ombres, où les plaisanteries d'Aristophane l'avaient envoyé avant son heure.

290. MÉNANDRE.

A peine de Ménandre il nous reste *une pièce*.

De tous les ouvrages qu'il composa, il ne nous reste que quelques fragments sans suite.

270. THÉOCRITE.

Théocrite, tes chants de l'agrément *nous causent*.

Ses idylles sont presque toutes des chefs-d'œuvre de grace et de naïveté.

404. ALCIBIADE.

Alcibiade sut en tous lieux *réussir*.

Partout il sut se couvrir du masque le plus conforme aux mœurs et aux coutumes de ceux avec lesquels il vivait.

378. LYSIAS.

Lysias orateur, ton style me *convient*.

Ses harangues se distinguent par la méthode qui y règne, et par l'irréprochable pureté du style.

341. ESCHINE.

Eschine, on peut te dire orateur *émérite*.

C'est le plus célèbre orateur grec après Démosthène.

338. ISOCRATE.

Isocrate en public ne fait pas *même effet*

qu'à la lecture. Cet orateur au style gracieux et doux, n'était pas appelé par la nature de son talent à discourir en public.

322. DÉMOSTHÈNE.

Démosthène orateur est un *éminent nom*.

88. ARISTARQUE.

Aristarque, pour moi ton jugement *fait foi.*

Le nom de ce grand commentateur d'Homère est devenu synonyme de critique d'un goût sûr.

254 (de notre ère). ORIGÈNE.

Origène sur Celse un traité *nous lira.*

Son traité contre Celse, sur la vérité de la religion chrétienne, est regardé avec raison comme l'apologie la plus énergique et la plus éloquente du christianisme.

406. HÉRODOTE.

Hérodote a décrit un des plus *heureux âges.*

Il a composé en neuf livres une histoire des guerres médiques. C'est la plus brillante époque de l'histoire grecque.

395. THUCYDIDE.

Thucydide disait : Hérodote *m'appelle.*

En entendant aux jeux olympiques la lecture des ouvrages d'Hérodote, Thucydide, emporté par un subit enthousiasme, s'écria : Et moi aussi, je suis historien.

354 XÉNOPHON.

Xénophon des Dix Mille adoucit les *malheurs.*

Il commandait les Grecs lors de la fameuse retraite des Dix Mille.

123. POLYBE.

Polybe, otage à Rome, est traité *dignement.*

A la suite de la guerre contre Persée, les Romains menèrent en Italie à titre d'otages dix mille Grecs, parmi lesquels se trouvait Polybe. Rendant hommage à son génie, les vainqueurs le traitèrent avec les plus grands égards.

41. DIODORE DE SICILE.

Diodore, c'est un compilateur *aride.*

Les matériaux qui composent son histoire universelle sont entassés sans ordre ni critique.

95 (de notre ère). FLAVIUS JOSÈPHE.

Josèphe, tu sauvas tous les Juifs de l'*oubli*.

C'est à lui seul que l'on doit la connaissance de la plupart des faits
de l'histoire de Judée.

140 (de notre ère). PLUTARQUE.

Plutarque, tes portraits sont très-*intéressants*.

Il n'a fait que des biographies, mais il excelle dans la peinture
des portraits.

548. THALÈS DE MILET, FONDATEUR DE L'ÉCOLE IONIQUE.

Thalès, l'eau, l'eau partout de ton âme est *le rêve*.

Il regardait l'eau comme le principe de tout ce qui existe.

515. XÉNOPHANE. FONDATEUR DE L'ÉCOLE D'ELÉE.

Xénophane a fondé cette *école d'Elée*.

504. PYTHAGORE. FONDATEUR DE L'ÉCOLE ITALIQUE.

Pythagore a conduit ses gens à la *lisière*.

Expression métaphorique qui indique l'aveugle soumission qu'il
exigeait de ses disciples. Le αυτος εφη (le maître l'a dit) des **Pytha-**
goriciens est devenu proverbial.

493. LEUCIPPE, FONDATEUR DE L'ÉCOLE ATOMISTIQUE

Leucippe dit : L'espace est d'atomes *rempli*.

Tel est le fond de sa doctrine.

400. SOCRATE.

Socrate, je te vois comme un *héros aux cieux*.

Il est véritablement le héros de la philosophie antique.

394. EUCLIDE, FONDATEUR DE L'ÉCOLE MÉGARIQUE.

Euclide, ces vains mots sont dignes de *mépris*.

Cette école poussa jusqu'à leurs dernières limites les subtilités de
la dialectique. Ce sont les disciples d'Euclide qui passent pour avoir
été les inventeurs d'une foule d'arguments captieux : le *cornu*, le
chauve. etc.

388. PLATON, FONDATEUR DE L'ÉCOLE ACADÉMIQUE.

Platon l'académique avait une *âme vive*.

Il possédait cet heureux assemblage des qualités les plus diverses, portées à un tel degré qu'une seule aurait suffi à l'illustration de celui qui l'aurait possédée.

379. ARISTIPPE, FONDATEUR DE L'ÉCOLE CYRÉNAÏQUE.

Aristippe disait : Le plaisir seul *m'occupe*.

Il professa la philosophie du plaisir.

327. ANTISTHÈNE, FONDATEUR DE L'ÉCOLE CYNIQUE.

Antisthène cynique est un vrai *maniaque*.

Il mettait sa gloire à mépriser les richesses et les honneurs pour ne s'attacher qu'à la vertu. Un tel système le fit considérer comme un fou.

321. ARISTOTE, FONDATEUR DE L'ÉCOLE PÉRIPATÉTICIENNE.

Aristote est l'honneur de notre *humanité*.

Cet homme extraordinaire n'a pas encore trouvé son égal : il posséda la plus grande somme de connaissances qu'un homme pût posséder dans le siècle où il vivait.

288. PYRRHON, FONDATEUR DE L'ÉCOLE SCEPTIQUE.

Pyrrhon ne se croyait ni défunt *ni vivant*.

Il poussait si loin le doute universel, qu'il n'osait se prononcer ni affirmativement ni négativement sur le fait de son existence.

271. ÉPICURE, FONDATEUR DE L'ÉCOLE ÉPICURIENNE.

Epicure disait : Le plaisir seul *nous guide*.

Le caractère de son école, c'est de donner pour base à la morale le plaisir.

260. ZÉNON DE CITTIUM, FONDATEUR DE L'ÉCOLE STOÏCIENNE.

Zénon le stoïcien était *un ange saint*.

Cette école donna au monde les exemples de la plus sublime vertu qu'on puisse trouver dans le paganisme.

4

332. APELLES.

Apelles peintre grec est un *homme éminent.*

360. HIPPOCRATE.

Hippocrate a longtemps passé pour *magicien.*

315. EUCLIDE.

Euclide de nos jours sert encor de *modèle.*

Tous les modernes traités de géométrie sont calqués sur les éléments d'Euclide.

HISTOIRE ROMAINE.

XV.

Rome sous les Rois; Consulat, Dictature, Tribunat, Décemvirat.

753. FONDATION DE ROME.

Romulus pour régner prend un san*glant moyen.*
Il tue son frère Rémus.

749. ENLÈVEMENT DES SABINES.

Sur les Sabines Rome a jeté le *grappin.*

714. NUMA.

Numa, c'est le meilleur sabin de la *contrée.*

672. TULLUS HOSTILIUS.

Tullus Hostilius aima fort la *chicane.*
Ce fut un prince guerrier.

669. COMBAT DES HORACES.

Horace de sa sœur s'érige en *juge impie.*

Il tue sa sœur, pour la punir d'avoir pleuré la mort de son fiancé Curiace.

639. ANCUS MARCIUS.

Ancus disait : Numa, ton règne *j'aime bien.*

Ami de la paix par caractère comme Numa, Ancus Marcius vit ses intentions pacifiques traversées par sept guerres qu'il soutint avec gloire.

615. TARQUIN L'ANCIEN.

Tarquin pendant treize ans les Latins *chatouilla.*

Il fit pendant 13 ans la guerre aux Latins.

579. SERVIUS TULLIUS.

Servius.... Dix-neuf ans l'Etrurie *il combat.*

534. TARQUIN LE SUPERBE.

Tarquin, près de ton trône est le deuil et *la mort.*

Allusion à la mort de Lucrèce.

509. RÉPUBLIQUE ROMAINE. — CONSULAT.

Tarquin chez Porsenna va mendier *la soupe.*

Tarquin le Superbe se réfugie chez Porsenna roi d'Etrurie.

501. TITUS LARTIUS, PREMIER DICTATEUR.

Lors Titus Lartius a sauvé *la cité.*

Rome se voyait menacée par une vaste confédération des Latins, et les Plébéiens refusaient de s'enrôler. Titus Lartius tira la patrie de cette position difficile.

492. RETRAITE AU MONT SACRÉ; — TRIBUNAT.

Le peuple au Mont-Sacré conquit le *tribunat.*

485. PREMIÈRE PROPOSITION DE LA LOI AGRAIRE.

Un grand sujet de trouble à Rome tu *révèles.*

Cette proposition de Spurius Cassius, contenait en germes deux siècles de discordes civiles.

478. DÉVOUEMENT DES 306 FABIUS A CRÉMÈRE.

Des Fabius il reste un *héroïque enfant.*

Il ne survécut qu'un enfant de cette héroïque famille.

450. DÉCEMVIRAT.

Des décemvirs !.... Je vois mes vœux *réalisés*,

Dit le peuple romain, qui avait longtemps réclamé par la voix de ses tribuns, la rédaction d'un code de lois positives.

442. CRÉATION DE LA CENSURE.

Un sévère censeur pourra-t-il *rire? — Non*.

365. SEXTIUS PREMIER CONSUL PLÉBÉIEN.

Plébeiens, désormais soyez donc *moins jaloux*.

357. MARCUS RUTILIUS, PREMIER DICTATEUR PLÉBÉIEN.

Marcus Rutilius est un *homme éloquent*.

XVI.

Conquêtes des Romains en Italie.

508. SIÉGE DE ROME PAR PORSENNA.

Rome est de Porsenna par Scevola *sauvée*.

Qui ne connaît le dévouement de Mucius Scevola.

488. SIÉGE DE ROME PAR CORIOLAN.

Ah ! pourquoi dans ces lieux, ma mère, *arrivez-vous*?

Paroles de Coriolan à sa mère Véturie, au moment où, sentant sa haine céder aux sentiments de la nature, il va lui promettre de lever le siége.

395. PRISE DE VEIES PAR CAMILLE.

Camille dit : Romains je réponds de *mon plan*.

Il fit construire une mine que l'on conduisit jusqu'à la citadelle.

392. EXIL DE CAMILLE.

Camille dit : L'exil est le fruit de *mes peines*.

390. PREMIÈRE INVASION DES GAULOIS.

Brennus dit aux Romains : L'or seul peut *m'apaiser*.

Il met un prix à sa retraite et demande 1000 livres d'or.

343. COMMENCEMENT DE LA GUERRE SAMNITE.

Cette lutte coûta la vie à *maints Romains*.

321. FOURCHES CAUDINES.

La honte nous sauva d'une mort *imminente*,

Disent les Romains.

309. BATAILLE DU LAC VADIMON.

Dès-lors au Samnium tu fus un *mince appui*.

Ceci s'adresse à l'Etrurie, qui, après cette défaite, fut forcée d'abandonner les Samnites.

295. BATAILLE DE SONTIUM.

Sontium, Décius, à jamais *t'ennoblit*.

Rome triomphe par le dévouement de Décius Mus.

290. FIN DE LA GUERRE SAMNITE.

Devant toi, Dentatus, la tête *nous baissons*,

Disent les Samnites. Curius Dentatus leur porta le dernier coup.

280. BATAILLE D'HÉRACLÉE.

Des éléphants !.... c'était une *innovation*.

Pyrrhus dut la victoire moins à la valeur de ses troupes, qu'à la terreur que ses éléphants inspirèrent aux Romains.

275. BATAILLE DE BÉNÉVENT.

Pyrrhus à Bénévent n'est plus *qu'un écolier*.

Il avait pu passer pour maître à Héraclée, mais ici il n'est qu'un écolier.

241. GUERRE DE CISALPINE.

Maintenant vers les monts ouvrons-nous *une route*.

226. BATAILLE DE CLUSIUM.

Romains, dans notre sang à Cluse *nous nageons*.

Rome y perdit 50 mille hommes.

225. BATAILLE DE TÉLAMONE.

De Cluse les malheurs Télamo*ne annihile.*

Cette victoire répara le désastre de Clusium.

221. RÉDUCTION DE LA CISALPINE.

L'Italie aujourd'hui n'est plus qu'*une unité.*

Les Romains sont maîtres de toute l'Italie.

XVII.

Guerres puniques.

265. PREMIÈRE GUERRE PUNIQUE.

Rome, aimes-tu Carthage? — Hélas, *non je la hais.*

263. ROME SE CRÉE UNE MARINE.

Romains, sur l'Océan nous traçons *nos chemins.*

257. BATAILLE D'ADIS.

Xantippe, ô Régulus, bientôt va *nous liguer.*

Ce fut après la bataille d'Adis, lorsque les Carthaginois étaient livrés au découragement, qu'arriva chez eux le lacédémonien Xantippe.

250. DÉVOUEMENT DE RÉGULUS.

Carthage, Régulus, te donne *une leçon*

de bonne foi. Car les Carthaginois étaient connus pour leur ruse et leur fourberie.

249. BATAILLE DE DRÉPANE.

Pour avoir des vaisseaux donnons tous *nos rubis.*

Les dames romaines se dépouillèrent de leurs parures pour armer des galères.

242. BATAILLE DES ILES ÉGATES.

Hannon, Lutatius vient de *nous ruiner,*

Disent les Carthaginois. Leur général Hannon y fut vaincu par Lutatius Catulus.

241. PAIX ENTRE ROME ET CARTHAGE.

Amilcar Barca dit : Romains nous *nous rendons*.

Amilcar fut chargé de négocier cette paix.

218. DEUXIÈME GUERRE PUNIQUE.

Sagonte est emportée, Annibal *nous défie*.

216. BATAILLE DE CANNES.

Rome, après Canne, est dans un immin*ent danger*

En avant, et dans cinq jours nous soupons au Capitole, disait Maharbal.

215. SIÉGE DE SYRACUSE PAR MÉTELLUS.

Archimède trois ans rend le siége *inutile*.

Le génie de ce grand homme arrêta pendant trois ans les Romains devant Syracuse.

212. BATAILLE D'ANITORGIS.

Frère, la mort aussi respecte *nos doux nœuds*,

Disent les deux Scipions, qui périssent dans ce jour.

208. BATAILLE DU MÉTAURE.

Néron de ses succès donne un *haineux avis*.

Revenu en Lucanie devant le camp d'Annibal, le vainqueur du Métaure jette dans le camp de son ennemi la tête de son frère, pour lui annoncer sa victoire.

204. SCIPION PASSE EN AFRIQUE.

Ta prochaine arrivée aux tiens *j'annoncerai*,

Dit Scipion à Annibal.

202. BATAILLE DE ZAMA.

Dans les champs de Zama Scipion *nous saigna*.

201. PAIX ENTRE ROME ET CARTHAGE.

L'Espagne, la Sardaigne et la Corse on *nous cède*,

Disent les Romains. Telles furent en effet les dures conditions auxquelles Carthage dut souscrire.

149. TROISIÈME GUERRE PUNIQUE.

Caton disait : Romains, déployons nos *drapeaux*.

On connaît le fameux *Delenda est Carthago*, exorde et péroraison de tous les discours de Caton.

146. DESTRUCTION DE CARTHAGE PAR SCIPION ÉMILIEN.

Scipion sagement le siége *dirigea*.

Il emporta en quelques jours, cette ville devant laquelle ses prédécesseurs s'étaient consumés en inutiles efforts.

XVIII.

Guerres extérieures de Rome pendant la période des guerres puniques.

200. GUERRE CONTRE PHILIPPE III, ROI DE MACÉDOINE.

Rome en toi d'Annibal voit *un associé*.

178. GUERRE CONTRE PERSÉE.

Persée, à la vengeance un père *te convie*.

168. BATAILLE DE PYDNA.

Au combat de Pydna Paul Emile *t'achève*.

148. RÉDUCTION DE LA MACÉDOINE EN PROVINCE ROMAINE.

Quoi, tu veux, Andriscus, tromper Rome? *tu rêves*.

146. PRISE DE CORINTHE; LA GRÈCE PROVINCE ROMAINE.

Mummius sagement le siége *dirigea*.

193 PREMIÈRE GUERRE CONTRE ANTIOCHUS.

C'est en vain qu'Annibal inve*nte un bon moyen*.

190. BATAILLE DE MAGNÉSIE.

Magnésie a produit la chute *d'un puissant*.

183. MORT D'ANNIBAL.

Carthage a méconnu son noble *dévoûment.*

Il fut obligé d'abandonner sa patrie pour ne pas être livré aux Romains.

184. RÉVOLTE DE L'ESPAGNE.

Trop longtemps tes préfets nous avons *tolérés,*

Disent les Ibériens, exaspérés par les vexations que leur font subir les gouverneurs romains.

150. MASSACRE DES TRENTE MILLE.

Peuple persécuté, lève-toi, si *tu l'oses,*

Dit Lucullus qui avait ordonné cette épouvantable exécution.

140. MORT DE VIRIATHE.

Viriathe en Espagne, ô Rome, *t'a rossée.*

Ce pâtre intrépide remporta de nombreuses victoires sur les Romains, et réduisit le consul Fabius Servilien à traiter avec lui d'égal à égal.

134. PRISE DE NUMANCE.

Numance fut détruite; en elle *tout mourut.*

- - - - - - - - - -

XIX.

Tribunat des Gracques.

133. TRIBUNAT DE TIB. GRACCHUS — SA MORT.

Pauvre Tibérius, tu te trahis *toi-même!*

En mettant la main sur ta tête, pour appeler à toi tes partisans, tu fournis à tes ennemis l'occasion de dire : Vous le voyez, il aspire à la tyrannie, il demande la couronne, à mort le traître!... Et on te massacre au pied de la tribune.

122. MORT DE CAÏUS GRACCHUS.

Pour fuir nos ennemis, à la mort *donnons-nous,*

Dit Caïus. Vaincu avec ses partisans dans la lutte qu'il a excitée, et se voyant sur le point de tomber au pouvoir de ses ennemis, il se fait tuer par un affranchi.

XX.

Guerre de Jugurtha. — Guerre teutonique.

111. COMMENCEMENT DE LA GUERRE DE JUGURTHA.
107. FIN DE LA GUERRE ; PRISE DE JUGURTHA.

Jugurtha justifie un *attentat honteux*,
Marius prend enfin cet *audacieux gueux*.

Jugurtha prétendit justifier devant le sénat le meurtre d'Hiempsal. — Le consul Marius eut la gloire de terminer cette longue et difficile guerre.

102. BATAILLE DE VERCEIL.

Et Ceimbres et Teutons sont vaincus *désunis*.

Marius écrasa séparément ces barbares d'abord à Aix, puis à Verceil.

138. PREMIÈRE GUERRE SERVILE.

O maître impitoyable, hélas, que *tu m'en veux!*

Ainsi parle un esclave exaspéré par la froide barbarie de son maître.

105. DEUXIÈME GUERRE SERVILE.

Les serfs alors encor la Sicile *désolent :*

C'est encore en Sicile que retentit le premier cri d'indépendance.

XXI.

Guerre sociale. — Marius et Sylla.

91 à 86. GUERRE SOCIALE.

Marses et Marrucins poursuivent même *but*.
A Nole par Sylla Rome fut bien *vengée*.

Le but que les alliés poursuivent c'est le droit de cité romaine. — Sylla extermine à Nole cinquante mille alliés.

88. GUERRE contre Mithridate.

Cent vingt mille Romains sont massacrés *vivants*.

C'est en massacrant 120 mille Romains que le roi de Pont ouvre la campagne.

87.   MORT DE MARIUS.

Marius meurt, laissant le consulat *vacant*.

87.   BATAILLE D'ORCHOMÈNE.

Orchomène, tu vis Mithridate *vaincu*.

83.   RETOUR DE SYLLA ; BATAILLE DE SACRIPORT.

Sylla dans sa patrie apporte un nom *fameux*.

L'éclat de ce nom était encore rehaussé par la brillante campagne
qu'il venait de faire en Asie-Mineure.

82.   PROSCRIPTION DE SYLLA.

Sylla, tu n'es plus grand, tes lauriers sont *fanés*.

Le sang versé par ses ordres lui enlève le prestige de gloire dont
il était environné.

79.   MORT DE SYLLA.

Sylla loin du tumulte à Pouzzole est *campé*.

Redevenu volontairement simple particulier, Sylla s'était retiré à
Pouzzoles.

XXII.

Rome jusqu'à la mort de Catilina.

81.   GUERRE DE SERTORIUS.

Viriathe nouveau, pour nous sauver *viens-tu ?*
Disent les Ibériens.

71.   MORT DE SERTORIUS.

Un traître, un Perpenna au combat nous *conduit*,
Disent les Ibériens. Perpenna, après avoir trahi et assassiné Serto-
rius, se mit à la tête de son parti.

74.   LUCULLUS CONTRE MITHRIDATE.

Lucullus, au Granique éclate ton *courroux*.
Il débute par la victoire du Granique.

69. DÉFAITE DE TYGRANE, ROI D'ARMÉNIE.

Je trouve dans Tigrane un faible *champion* ,

Dit Lucullus, qui, avec 15 mille hommes, défait les 150 mille soldats de Tigrane.

67. MITHRIDATE VAINCU PAR POMPÉE AUX SOURCES DE L'EUPHRATE.

Aux sources de l'Euphrate il éprouve un *échec*.

63. MORT DE MITHRIDATE.

La trahison d'un fils m'arrête en mon *chemin*.

Trahi par son fils Pharnace, assiégé par lui dans Panticapée, il se fit donner la mort.

74. GUERRE DES GLADIATEURS; SPARTACUS.

Déclarons pour toujours à nos tyrans la *guerre* ,

Dit Spartacus à ses compagnons.

71. DÉFAITE ET MORT DE SPARTACUS.

Pour vaincre Spartacus, Rome , il t'en a *coûté*.

67. SOUMISSION DES PIRATES PAR POMPÉE.

Après cinquante jours ils acceptent le *joug*.

Il ne fallut à Pompée que cinquante jours pour purger des pirates toute la Méditerranée.

64. TROISIÈME CONJURATION DE CATILINA.

Au trop vain Cicéron ce souvenir est *cher*.

Cicéron aimait à rappeler les circonstances de cette fameuse conjuration qui lui valut le titre de père de la patrie.

64. LA SYRIE, PROVINCE ROMAINE.

La Syrie à Pompé ne coûta pas très-*cher*.

Pompée n'eut qu'à se présenter pour vaincre.

XXIII.

Premier Triumvirat.

60. PREMIER TRIUMVIRAT.

César, Crassus, Pompée! ô Rome, quelle *engeance!*

58 à 50. CONQUÊTE DES GAULES.

César vainc les Gaulois par le fer et *le feu*.
Et sait leur faire aimer la romaine *alliance*.

53. MORT DE CRASSUS CHEZ LES PARTHES.

Ils coupent de Crassus et la tête et *les mains*.

56. ENTREVUE DE LUCQUES.

La noblesse romaine à Lucques va *loger*.

48. BATAILLE DE PHARSALE.

César à son rival la victoire a *ravi*.

45. BATAILLE DE MUNDA.

Les portes de Janus, sur leurs gonds vont *rouler*.

Cette victoire rendit la paix à l'univers et ferma le temple de Janus.

44. MORT DE CÉSAR.

Ah, malheureux César, il n'est pas temps de *rire!*

XXIV.

Second Triumvirat.

43. SECOND TRIUMVIRAT.

Lépide, Antoine, Octave encor partagent *Rome*.

42. BATAILLE DE PHILIPPE.

A Philippe Brutus reconnaît sa *ruine*.

36. BATAILLE DE NAULOQUE.

Les grappins d'Agrippa, dit Sextus, *m'ont haché.*

Agrippa dut la victoire à ses grappins d'abordage.

38. EXPÉDITION D'ANTOINE CONTRE LES PARTHES.

Il y gagna le nom de général *mauvais.*

Dans cette expédition, il accumule faute sur faute, et perd 80 mille hommes.

31. BATAILLE D'ACTIUM.

Antoine y perdit tout, pour suivre son *amante.*

30. L'EGYPTE, PROVINCE ROMAINE.

Pour l'Egypte ce jour ne fut pas *amusant.*

29. OCTAVE, EMPEREUR.

Octave rentre à Rome ; il y domi*ne en paix.*

XXV.

Auguste — Commencement du christianisme.

4 (avant). NAISSANCE DE JÉSUS-CHRIST.

Jésus-Christ, en naissant, apporte aux Juifs un *Roi.*

9 (de notre ère). VARUS EN GERMANIE.

Varus en Germanie a fait un mauvais *pas.*

42. SAINT PIERRE, ÉVÊQUE DE ROME.

Jésus-Christ dès ce jour a commencé son *règne.*

64 et 95. PREMIÈRE ET SECONDE PERSÉCUTION.

La première à saint Paul, sous Néron, coûta *cher ;*
Plus tard Domitien devant saint Jean *pâlit.*

La première persécution coûta la vie à saint Paul ; pendant la seconde, saint Jean, plongé dans l'huile bouillante, triompha par sa constance de la rage de ses bourreaux, et fit pâlir Domitien.

XXVI.

L'Empire de Tibère à Néron.

14. TIBÈRE.

Tibère a mérité le surnom de *tyran*.

19. MORT DE GERMANICUS.

Le monstre le sait bien, il t'envoie au *tombeau*.

Pour se débarrasser d'un rival, Tibère envoya Germanicus en Asie. Pison était chargé d'empêcher son retour.

37. CALIGULA.

Je hais Caligula, c'est un infâme *, un gueux*.

41. CLAUDE.

Claude voulait le bien; Messaline l'*arrête*.

Prince juste et sage, il se laissa malheureusement conduire par l'impératrice Messaline.

54. NÉRON.

Néron voit l'incendie; il chante sur la *lyre*.

Pendant que Rome brûle par ses ordres, Néron chante en s'accompagnant de la lyre un poëme sur l'incendie de Troie.

64. PREMIÈRE PERSÉCUTION.

La première à saint Paul, sous Néron, coûta *cher*.

67. RETOUR ET MORT DE CORBULON.

Il reçoit à Corinthe un ordre très-*choquant*.

Corbulon revenait victorieux dans sa patrie après avoir dompté les Parthes, lorsqu'il trouve à Corinthe l'ordre de se tuer. Il obéit.

62. MORT D'OCTAVIE.

Poppée avait voulu rompre une antique *chaine*.

Poppée avait depuis longtemps remplacé Octavie dans le cœur de Néron. Ce fut elle qui obtint de l'empereur d'abord l'exil, puis la mort de sa rivale.

XXVII.

L'Empire de Galba à Commode.

68. GALBA.

Le vieux Galba, dit-on, avait peu de *cheveux*.

68. OTHON.

Othon, l'infàme Othon, pour quatre mois fut *chef*.

69. VITELLIUS.

Vitellius aimait les truffes, les *chapons*.

Il est célèbre par le faste de sa table qui lui coûtait 300.000 sesterces par repas.

69. VESPASIEN.

Vespasien n'envoya que Priscus au *gibet*.

Habile, humain, équitable, ce prince rappela les beaux jours d'Auguste. On ne peut lui reprocher que la mort d'Helvidius Priscus, sénateur et stoïcien doué d'une vertu réelle, mais exagéré, intempestif, et presque factieux dans ses attaques contre la monarchie.

70. PRISE DE JÉRUSALEM.

L'impitoyable faim causa bien des *excès*.

79. TITUS.

Titus n'est plus Néron, qu'un autre le *copie*.

Sa vie privée avant son avènement avait été souillée de débauches; et on craignait en lui, dit-on, un nouveau Néron. Si ces craintes existèrent, elles furent bientôt complètement dissipées.

81. DOMITIEN.

Des supplices nouveaux Domitien *invente*.

Il fut défiant, inique et cruel, rétablit les procès de majesté, et fit couler le sang par torrent.

84. SOUMISSION DE LA BRETAGNE PAR AGRICOLA.

Domitien jaloux veut arrêter son *œuvre*.

L'empereur rappela agricola, et pour le priver des honneurs du triomphe, il lui ordonna de rentrer dans Rome pendant la nuit.

95. DEUXIÈME PERSÉCUTION.

Le fier Domitien devant saint Jean *pâlit.*

96. NERVA.

Nerva suivit toujours ses vertueux *penchants.*

98. TRAJAN.

L'économe Trajan des routes fit *paver.*

Il construisit des ports, des ponts, des chaussées, de magnifiques monuments.

103. GUERRE CONTRE LES DACES.

Trajan de Dercebal l'armée a *décimée.*

Il vainquit le dace Dercebal, qui fut réduit à s'agenouiller devant lui.

106. TROISIÈME PERSÉCUTION.

Le troisième, Trajan persécuta *des sages.*

109. EXPÉDITION DE TRAJAN CONTRE LES PARTHES.

Du roi Khosrou Trajan exige *des impôts.*

117. ADRIEN.

Adrien, gare à toi, Pictes et Scots *t'attaquent.*

Il fit une expédition en Grande-Bretagne contre les Pictes et les Scots.

138. ANTONIN.

Antonin, ton bonheur comblera *tous mes vœux.*

Ce prince joignait au talent du gouvernement toutes les vertus privées.

161. VÉRUS ET MARC-AURÈLE.

Aurèle à ses vertus donna grace *touchante.*

Laborieux et humain, juste et éclairé, ce prince, par ses manières bienveillantes, savait doubler le prix de ses bienfaits.

166. QUATRIÈME PERSÉCUTION.

Grand Marc-Aurèle, un jour Pothin sera *ton juge.*

Saint Pothin, évêque de Lyon, fut une des victimes de cette persécution.

169. MORT DE VERUS.

De l'inepte Vérus la mort me *touche peu*,

Dit Marc-Aurèle, qui connaissait son incapacité.

181. COMMODE.

Commode, dans les eaux va-t-en laver *tes fautes*.

Il fut empoisonné par Marcia sa favorite, et son corps fut jeté dans le Tibre.

XXVIII.

L'empire de Sévère à Dioclétien.

193. PERTINAX; — L'EMPIRE MIS AUX ENCHÈRES.

Pertinax, en trois mois les cohortes *t'embaument*.

Après trois mois de règne, il fut assassiné par les soldats qui l'avaient élu.

193. SEPTIME SÉVÈRE.

Par ta sévérité les sénateurs *tu pâmes*.

Ses cruautés contre l'aristocratie, la proscription de 41 familles sénatoriales, lui aliénèrent l'esprit des grands.

202. CINQUIÈME PERSÉCUTION.

Le cinquième, Sévère avec rage *nous saigne*.

Disent les Chrétiens.

211. CARACALLA.

Caracalla d'abord fait tomber *une tête*.

Celle de son frère Géta, que le dernier vœu de son père lui avait associé à l'empire.

217. MACRIN.

Ami Macrin, Mœsa te prépare *une attaque*.

Julie Mœsa, sa sœur, fit proclamer par les légions le jeune Bassien prêtre d'Elagabal, dieu d'Emèse, et Macrin fut vaincu et tué.

218. HÉLIOGABAL.

L'empereur Lagabal d'Asie était *natif*.

222. ALEXANDRE SÉVÈRE.

Prétoriens, aimez-vous Sévère? — *Non*, *non*, *non*.

L'armée, gâtée à plaisir par ses prédécesseurs, fut soumise par lui à une exacte discipline.

223. LES NOUVEAUX PERSES.

Le sassanide Ardchir s'annonce *en ennemi*.

Ardchir, fier de sa victoire sur Artaban iv, envoya redemander aux Romains l'Asie-Mineure et la Syrie.

235. MAXIMIN.

Le géant Maximin fut d'Hercule *un émule*.

C'était un lutteur de première force.

235. SIXIÈME PERSÉCUTION.

Maximin du troupeau personne *n'immola*,

La persécution s'attacha surtout aux chefs du troupeau chrétien.

238. GORDIEN.

Gordien, Misithé le bien *anime en vous*.

Le sage Misithée gouverna habilement sous le nom de Gordien, et mit fin à de nombreux abus.

244. PHILIPPE L'ARABE.

Philippe, tu rendis Sapor *un heureux roi*.

Il rendit la Mésopotamie à Sapor roi de Perse.

249. DÉCIUS.

Les Goths disent à Dèce : Avec toi *nous rompons*.

Il périt dans une expédition contre les Goths.

250. SEPTIÈME PERSÉCUTION.

Septième, Décius, tes bourreaux *nous lassons*.

251. GALLUS.

Gallus avec les Goths n'engage aucune *lutte*.

A peine proclamé, il conclut avec eux une paix honteuse, et se reconnaît leur tributaire.

253. VALÉRIEN.

Valérie aime-t-il Sapor? — *Nullement.*

Le perfide Sapor l'attira dans une conférence, et le fit traîtreusement prisonnier.

258. HUITIÈME PERSÉCUTION.

En vain Valérien dans notre sang *nous lave,*

Disent les Chrétiens.

260. GALLIEN; — LES TRENTE TYRANS.

Ils veulent, ces tyrans, du trône *nous chasser,*

Dit Gallien.

268. CLAUDE II.

Claude II le gothique a massacré *nos chefs,*

Disent les Goths, qui perdirent 50 mille hommes à la bataille de Naïssus.

270. AURÉLIEN.

Aurélien n'a pas connu l'*inaction.*

Une invasion d'Allemands, la guerre contre Zénobie, celle contre Tétricus, ne lui permirent pas de goûter le repos.

272. GUERRE CONTRE ZÉNOBIE.

Dans Palmyre attaquons une rei*ne qui nuit.*

273. NEUVIÈME PERSÉCUTION.

Le neuvième, Aurélie aucun autre *n'égale.*

Elle surpassa toutes les précédentes, par la cruauté des tortures et le nombre des martyrs.

275. TACITE.

Au beau nom de Tacite accordons *un accueil.*

Cet empereur était, dit-on, parent du célèbre historien de ce nom.

276. PROBUS.

Le soldat se disait : Ce Probus *n'est qu'un chien.*

Il abolit l'oisiveté des camps, et employa les loisirs du soldat à d'utiles constructions.

283. CARIN ET NUMÉRIN.

Numérin, tu le vois, Aper est *un infâme.*

Aper, préfet du prétoire, avait déjà assassiné Carus père de Numérin; il massacra aussi ce dernier.

XXIX.

Dioclétien et Constantin.

284. DIOCLÉTIEN ET MAXIMIN HERCULE.

Dioclétien règne, allons chercher *nos fers,*
Disent les Chrétiens qu'il persécuta longtemps.

292. CRÉATION DE DEUX CÉSARS : GALÉRIUS, CONSTANCE.

Galérius, Constance ont une bonne *aubaine.*

296. BATAILLE DE CARRHES.

Pour la seconde fois Carrhes fut *une embûche.*
Galérius y fut vaincu, comme autrefois Crassus.

303. DIXIÈME PERSÉCUTION.

Ce Dioclétien croit en vain *m'assommer,*
Dit le christianisme, qui se sentait plus fort que ses persécuteurs.

305. DIOCLÉTIEN A SALONE; GALÉRIUS ET CONSTANCE AUGUSTES.

Dioclétien dit : Galérius *m'exile.*

306. CONSTANTIN PROCLAMÉ AUGUSTE A YORCK.

De Constance le fils doit être un *homme sage.*

On avait lieu de bien augurer du fils d'un prince aussi accompli que l'était Constance.

311. MORT DE GALÉRIUS.

Longtemps Galérius l'impie a *maudit Dieu.*

312. BATAILLE D'ANDRINOPLE.

Ce signe dans les cieux me confond et *m'étonne*.

In hoc signo vinces surmonté d'une croix lumineuse ; tel est le
signe mystérieux que Constantin aperçoit dans les cieux.

323. CONSTANTIN SEUL ; — LE CHRISTIANISME DÉCLARÉ RELIGION DE L'EMPIRE.

Constantin empereur aujourd'hui je *me nomme*.

Jusqu'à ce jour il n'avait porté que le titre d'Auguste ; encore ce
titre était-il partagé.

325. CONDAMNATION D'ARIUS AU CONCILE DE NICÉE.

C'est en vain qu'Arius prétend *m'annihiler*,

Dit le concile. Arius avait voulu le récuser.

337. MORT DE CONSTANTIN.

Puissiez-vous, mes enfants, vivre en un *même camp!*

Dernières paroles de concorde et d'union que Constantin adresse à
ses trois fils.

XXX.

Successeurs de Constantin.

350. CONSTANCE II SEUL.

Constance II disait : Ce Magnance *me lasse*.

L'usurpateur Magnance, assassin de Constant, résista pendant trois
ans en Gaule à toutes les forces de Constance II.

361. JULIEN L'APOSTAT.

Les pierres, Julien, rendent *hommage à Dieu*.

Il tenta de faire mentir Dieu, en essayant de reconstruire le temple
de Jérusalem.

363. JOVIEN.

Jovien, aimes-tu Julien? — *Moi, jamais*.

Il favorisa le christianisme.

364. VALENTINIEN I.ᵉʳ.

Valentinien dit : Valens aussi *m'est cher*.

Il associe à l'empire son frère Valens.

378. THÉODOSE AUGUSTE AVEC GRATIEN.

Gratien seul Auguste un sceptre *me confie*,
Dit Théodose. Il dut ce titre à Gratien.

383. VALENTINIEN II AVEC THÉODOSE.

Valentinien II dit : Maxime *m'affame*.
L'usurpateur Maxime lui enleva une à une toutes ses provinces.

394. THÉODOSE-LE-GRAND SEUL.

Arbogast a senti la force de *mon bras*,
Dit Théodose, qui venait de remporter sur cet assassin la victoire du fleuve froid.

395. MORT DE THÉODOSE.

Théodose disait : Près de lui Dieu *m'appelle*.

XXXI.

Principaux Littérateurs romains.

Poëtes : Plaute, Ennius, Térence, Lucrèce, Catulle, Virgile, Properce, Tibulle, Horace, Ovide, Phèdre, Perse, Sénèque, Lucain, Juvenal.

Orateurs : Caton le censeur, Hortensius, Cicéron, Pline l'ancien, Pline le jeune, Quintilien, Tertullien.

Historiens : Cornelius Nepos, Salluste, Tite-Live, Velleius-Paterculus, Tacite, Quinte-Curce.

184. PLAUTE.

Plaute, tous les Romains ont couru pour *te voir*.
Ses comédies attirèrent un immense concours de spectateurs.

169. ENNIUS.

Ennius, pour ton temps tu chantes *déjà bien*.
Si l'on se reporte au temps où écrivait Ennius, on reconnaîtra qu'il n'est pas sans mérite.

160. TÉRENCE.

Térence, de Carthage un malheur *t'a chassé*.

Né à Carthage, ce poëte fut vendu comme esclave dans son enfance,
et amené à Rome.

53. LUCRÈCE.

Lucrèce a dans ses vers décrit les *éléments*.

Dans son poëme : *De naturâ rerum*.

40. CATULLE.

Catulle fut souvent surpassé par *Horace*.

Il composa des odes qui quelquefois peuvent rivaliser avec celles
d'Horace.

19. VIRGILE.

Virgile, à cinquante ans la mort déjà *t'abat*.

Ce grand poëte mourut presque subitement à l'âge de 51 ans.

17. PROPERCE.

Properce est le soutien de l'élégie *antique*.

16. TIBULLE

Tibulle dans son style est naïf et *touchant*.

Tout entier au plaisir, Tibulle n'a chanté dans ses vers que l'amour,
mais avec une douceur qui lui a mérité le surnom de *tendre Tibulle*.

8 (de notre ère). HORACE.

Horace, à ce qu'il dit, estimait le bon *vin*.

Que de fois dans ses vers il chante le Falerne et le Massique !

18 de notre ère. OVIDE.

Ovide, dans l'exil tu consumas *ta vie*.

Il passa les plus belles années de sa vie dans une petite ville voi-
sine du Pont-Euxin, où Auguste l'avait exilé.

43 de notre ère. PHÈDRE.

Phèdre fut le premier fabuliste *romain*.

Cette date n'est qu'approximative.

62. PERSE.

Perse le satirique expira par trop *jeune.*

Il mourut à vingt-huit ans.

63. SÉNÈQUE.

Sénèque, par ses vers, rendit Néron *jaloux.*

Néron lui ordonna de se tuer, sous prétexte qu'il était complice de la conspiration de Pison.

65 LUCAIN.

Lucain, tes vers aussi rendent Néron *jaloux.*

Un poëme qu'il avait composé sur l'incendie de Rome, devint le prétexte de la persécution que Néron dirigea contre lui

128. JUVÉNAL.

Juvenal, très-souvent Boileau prit *ton avis.*

Boileau, dans ses satires, a souvent imité Juvénal.

147. CATON LE CENSEUR.

Caton, qui ne connaît la fin de *tes harangues?*

Delenda est Carthago, telle était la courte mais énergique péroraison de tous ses discours.

49. HORTENSIUS.

Hortensius, Verrès te fit mettre ta *robe.*

La cause la plus célèbre qu'il défendit, fut celle de Verrès. On sait qu'il la perdit contre Cicéron.

43. CICÉRON.

Cicéron est le roi des orateurs *romains.*

79 (de notre ère). PLINE L'ANCIEN.

Pline l'ancien faisait de belles *équipées.*

Pour observer de plus près une éruption volcanique, il descendit dans le cratère du Vésuve, et fut victime de sa témérité.

116 (de notre ère). PLINE LE JEUNE.

Pline Cécilius, à Trajan tu *t'attaches.*

On connaît l'étroite amitié qui unissait l'empereur Trajan à Pline Cécilius.

118. QUINTILLIEN.

Quintilien , longtemps aux rhéteurs *lu te voues*.

Ses *Institutions de l'Orateur*, sont encore le cours le plus complet
de rhétorique que nous possédions.

220. TERTULLIEN.

Tertullien, c'est par toi qu'à la foi *nous naissons*.

43 (avant) CORNELIUS NEPOS.

Cornélius était le Plutarque *romain*.

Comme Plutarque , il a écrit des biographies. Cette date n'est
qu'approximative.

38 (avant) SALLUSTE.

Salluste le censeur commit bien des *méfaits*.

Dans ses ouvrages, il s'érige en censeur du vice et de la corrup-
tion; mais sa vie privée donne à ses paroles le démenti le plus
complet.

18 (de notre ère). TITE-LIVE.

Tite-Live nous montre un unique *défaut*.

C'est sa partialité pour les Romains.

31. VELLEIUS PATERCULUS.

Velleius Patercule a Salluste *imité*.

Comme Salluste, il excelle dans les portraits; comme lui aussi , il
se distingue par l'énergique concision de son style.

134. TACITE.

Tacite est très concis; tout le monde l'*admire*.

Le style de cet historien est un modèle de concision; ce qui ne
l'empêche pas d'avoir tout l'éclat et tout le luxe de la poésie.

117. QUINTE-CURCE.

Quinte-Curce , ces faits ne sont pas *authentiques*.

Comme documens historiques. ses ouvrages ne méritent aucune
confiance ; il a adopté des traditions qui souvent se contredisent, et
qu'il n'a pas pris même le soin de concilier.

Deuxième Série.

HISTOIRE DU MOYEN-AGE ET HISTOIRE MODERNE.

HISTOIRE DU MOYEN-AGE.

I.

Invasions des barbares.

409. ALARIC DEVANT ROME.

Ces maîtres de la terre Alaric *rossa bien.*

420. INVASION DES FRANCS DANS LA GAULE.

Pharamond et les Francs à leur pays *renoncent.*

424. VALENTINIEN III.

Valentinien III vingt-neuf ans *régnera.*

429. LES VANDALES EN AFRIQUE.

A Carthage longtemps Genséric *règne en paix.*

Genséric fonda dans le nord de l'Afrique un royaume qui dura 105 ans.

452. INVASION D'ATTILA EN ITALIE.

Le pape saint Léon joue un *rôle inouï.*

Il va au devant de ce fléau de Dieu, et le somme, au nom du Ciel, de sortir de l'Italie.

454. PÉTRONE-MAXIME.

Pétrone à Genséric fournit un *rôle heureux.*

Il laisse le Vandale Genséric piller et saccager Rome.

476. FIN DE L'EMPIRE D'OCCIDENT.

Augustule va vivre en empereur *caché.*

Il se retira dans la Campanie, où il vécut en simple particulier.

II.

Goths et Lombards en Italie.

490. INVASION DES OSTROGOTHS SOUS THÉODORIC.

Théodoric, alors, était un *roi puissant*.

526. MORT DE THÉODORIC.

La tête de Symmaque!.... en son sang *elle nage*.

Ses remords lui firent voir la tête de l'infortuné Symmaque, dans un plat que lui servait son maître d'hôtel.

534. BÉLISAIRE EN ITALIE.

Théodat, par son crime, a mérité *la mort*.

L'usurpateur Théodat fit périr sa cousine Amalasonte à laquelle il devait le trône.

540. RAPPEL DE BÉLISAIRE.

Justinien, tu fais à ma gloire un *larcin*,

Dit Bélisaire, qui, par ce rappel inopportun, perd le fruit de toutes ses victoires.

548. NARSÈS EN ITALIE.

Totilas, de Narsès redoute *l'arrivée*.

Narsès remporte, sur Totilas blessé et mourant, la victoire de Lentagio qui décide du sort de l'Italie.

554. L'ITALIE PROVINCE IMPÉRIALE.

On nomma gouverneur Narsès *le lauréat*.

568. LES LOMBARDS EN ITALIE.

Narsès les appelait; c'était un *lâche, un fou*.

Narsès, rappelé avec insulte, après quinze ans d'une administration tyrannique, n'écoute que son ressentiment, et appelle les Lombards à la conquête de l'Italie.

416. ÉTABLISSEMENT DES WISIGOTHS DANS LE SUD
DE LA GAULE.

L'empire, ô Wallia, te donne un *héritage*.

Wallia avait combattu pour l'empire romain; en récompense de ses services, il obtint la seconde Aquitaine et la ville de Toulouse.

507. MORT D'ALARIC II, A LA BATAILLE DE VOUILLÉ.

Clovis, après Vouillé, de Bordeaux fit *le sac.*

Après la victoire de Vouillé, Clovis mit le siége devant Bordeaux.

710. BATAILLE DE XÉRÈS.

Tarick fera bientôt son entrée à *Cadix.*

Après cette victoire, l'arabe Tarick renverse le royaume des Wisigoths, et soumet presqu'entièrement l'Espagne.

III.

Anglo-Saxons.

454. ARRIVÉE DES ANGLES ET DES SAXONS DANS LA GRANDE BRETAGNE.

Les Angles, les Saxons seront *d'heureux larrons.*

Ils s'emparèrent de vive force de la Bretagne; ils furent donc d'heureux larrons.

584 HEPTARCHIE ANGLO-SAXONNE.

Un mutuel appui les sept états se *livrent.*

595. FONDATION DE L'ÉGLISE D'ANGLETERRE.

Ethelbert est chrétien; des prêtres *il appelle.*

Le moine saint Augustin baptisa le roi de Kent, Ethelbert, et jeta à Cantorbéry les fondements de l'ancienne église d'Angleterre.

828. EGBERT FONDE LE ROYAUME D'ANGLETERRE.

Egbert dit : Sous un roi vous ranger *venez vous?*

Il engage les sept états Anglo-Saxons à se réunir sous un même chef.

792. PREMIÈRE INCURSION DES DANOIS

Les Danois font alors leur première *campagne.*

871. ALFRED-LE-GRAND.

Alfred est fugitif; il devient *forestier.*

Qui n'a entendu parler de la fuite d'Alfred le Grand, de ses nombreuses aventures dans la province de Cornwailles.

6*

978. DANEGELDT; ETHELRED ORDONNE LE MASSACRE DES DANOIS.

Ethelred l'assassin peut dire *peccavi*.

Après un si grand crime, il peut faire son *meâ culpâ*.

1014. SUÉNON LE DANOIS, ROI D'ANGLETERRE.

Suénon, tu chassas Ethelred de *ses terres*.

Tandis que Suénon envahit ses états, Ethelred se réfugie en Normandie.

1041. EXPULSION DES DANOIS.

Contre les rois Danois l'esprit saxon *s'irrite*.

1066. INVASION NORMANDE; BATAILLE D'HASTINGS.

Les droits des deux partis près d'Hastings *sont jugés*.

IV.

Francs sous les Mérovingiens.

420. PASSAGE DU RHIN SOUS PHARAMOND.

Pharamond et les Francs à leur pays *renoncent*.

451. BATAILLE DE CHALONS-SUR-MARNE.

Attila fut vaincu par des *héros latins*.

Aétius, général Romain, habilement secondé par Mérovée roi des Francs, y vainquit le terrible Attila roi des Huns.

481. AVÈNEMENT DE CLOVIS.

Clovis est le premier de gloire *revêtu*.

C'est véritablement à ce prince que commence la monarchie franque.

486. BATAILLE DE SOISSONS.

Repoussa les Romains de leur dernier *refuge*.

Cette victoire enleva aux Romains leurs dernières possessions dans la Gaule.

496. BATAILLE DE TOLBIAC.

Clovis, à Tolbiac, a su faire *un bon choix*.
Il choisit le Dieu de Clotilde.

507. BATAILLE DE VOUILLÉ.

Clovis, après Vouillé, de Bordeaux fit *le sac*.

511. MORT DE CLOVIS.

Clovis de ses états partage *l'étendue*,
Entre ses quatre fils.

558. CLOTAIRE I.er SEUL.

La mort de Childebert seul au trône *l'élève*.

Clotaire était déjà maître des états de Thierry et d'une partie de ceux de Clodomir, lorsque la mort de Childebert le rendit possesseur de tout le royaume de Clovis.

613. CLOTAIRE II SEUL ; MORT DE BRUNEHAUT.

Brunehaut meurt enfin par un grand *châtiment*.

Théodebert et Thierry ii étant morts, Clotaire ii fit périr par un affreux supplice Brunehaut leur aïeule, et resta seul maître de la monarchie.

628. DAGOBERT.

Dagobert, c'est un nom connu du *jeune enfant*.

Quel enfant ne connaît la chanson si populaire du *grand roi Dagobert ?*

638. ROIS FAINÉANTS.

A leur maire ils disaient : A vos soins *je me voue*.

687. BATAILLE DE TESTRY.

Berthaire et la Neustrie à Testry *j'ai vaincus*,

Dit Pépin d'Héristal. Cette victoire assura à l'Austrasie la prépondérance sur la Neustrie.

687. MAIRIE DE PÉPIN D'HÉRISTAL.

Pépin d'Héristal dit : A Testry *j'ai vaincu*.

715. MAIRIE DE CHARLES MARTEL.

Ton génie éclatant, Martel, te *conduit loin*.

732. BATAILLE DE POITIERS.

Poitiers sauva les Francs d'une perte *commune*.

Sans cette victoire, la monarchie franque eut sans doute disparu devant le Croissant.

741. MAIRIE DE PÉPIN LE BREF.

Pépin et Carloman en partageant s'*accordent*.

Après la mort de Charles Martel, ses deux fils Pépin et Carloman furent maires, l'un de l'Austrasie, l'autre de la Neustrie.

***

V.

Empire d'Orient; les Arabes.

527. JUSTINIEN.

Au brave Bélisaire il préféra *l'Eunuque*.

L'eunuque Narsès eut toute sa confiance.

532. VICTOIRE DE BÉLISAIRE SUR LES PERSES.

Chosroës est vaincu; vers la paix on *l'amène*.

A la suite de ses défaites, Chosroës signa avec l'empire un traité d'amitié perpétuelle.

534. DESTRUCTION DU ROYAUME DES VANDALES.

Gelimer est captif; il traverse *les mers*.

L'usurpateur Gelimer est fait prisonnier par Bélisaire, et amené captif à Constantinople.

534. BÉLISAIRE EN ITALIE.

Théodat, par son crime, a mérité *la mort*.

540. RAPPEL DE BÉLISAIRE.

Justinien, tu fais à ma gloire un *larcin*.

548. NARSÈS EN ITALIE.

Totilas, de Narsès redoute *l'arrivée*.

554. L'ITALIE PROVINCE IMPÉRIALE.

On nomme gouverneur Narsès *le lauréat*.

565. MORT DE BÉLISAIRE ET DE JUSTINIEN.

Bélisaire aujourd'hui ne craint plus *les jaloux.*

Il semblait que la mort seule fût capable de donner la paix à ce grand homme, toujours disgracié après ses victoires, toujours replacé à la tête des affaires, dans les dangers pressants de l'empire.

568. L'ITALIE ENVAHIE PAR LES LOMBARDS.

Narsès les appelait; c'était un *lâche, un fou.*

752. FIN DE L'EXARQUAT DE RAVENNES.

Astolphe à l'Orient ravit sa *colonie.*

Ce fut Astolphe roi des Lombards, qui s'empara de cette dernière possession de l'empire en Italie.

610. HÉRACLIUS ; — DANGER DE L'EMPIRE.

Dans le camp de Khosrou quelle *agitation!*

Khosrou, roi de Perse, envahit la Syrie, dévaste l'Asie-Mineure, s'empare de Chalcédoine, et pendant dix ans tient Constantinople bloquée.

861. SCHISME DE PHOTIUS.

Ignace et Phocius, bien longtemps *vont joûter.*

1054. SÉPARATION DÉFINITIVE DE L'ÉGLISE GRECQUE ET DE L'ÉGLISE LATINE.

Toujours les vrais croyants de toi *s'isoleront,*
  Dit le Pape à l'Eglise grecque.

570. NAISSANCE DE MAHOMET.

Mahomet, d'un prophète il avait bien *l'accent.*

622. ÈRE DE L'HÉGIRE.

Fameux prophète, il fuit comme une lâche *nonne.*

Cette ère date du jour où Mahomet proscrit fut forcé de fuir à Médine.

632. MORT DE MAHOMET.

Mahomet dit : Adieu sur terre *je m'ennuie.*

641. CONQUÊTE DE L'EGYPTE PAR OMAR.

Tous les livres d'Egypte en cendres *je réduis*.
Il fit brûler la bibliothèque d'Alexandrie.

661. AVÈNEMENT DES OMMIADES.

Par le meurtre d'Ali la puissance *j'achète*,
Dit Mohawiah, qui probablement le fit assassiner, et devint ainsi
le premier khalife Ommiade.

750. CHUTE DES OMMIADES EN ORIENT; ABOUL-ABBAS, PREMIER KHALIFE ABBASSIDE.

Lors règne Aboul-Abbas, sanguinaire *colosse*.
Il fut surnommé *le sanguinaire*.

710. LES ARABES EN ESPAGNE; B.^e DE XERÈS.

Tarick fera bientôt son entrée à *Cadix*.

756. KHALIFAT DE CORDOUE FONDÉ PAR L'OMMIADE ABDÉRAME.

De Cordoue Abdérame a fait sonner les *cloches*.

824. DYNASTIES INDÉPENDANTES.

La puissance Abbasside on voit *s'évanouir*.
Dès cette époque, on voit s'élever de toutes parts des dynasties
indépendantes, qui finissent par ne laisser au khalife de Bagdad que
sa capitale avec la suprématie spirituelle.

997. EMPIRE DE MAHMOUD.

Cet empire à Mahmoud ne coûta *pas beaucoup*
Il forma cet empire par la réunion de quelques dynasties provinciales.

VI.

Empire Carlovingien.

752. PÉPIN LE BREF, ROI DES FRANCS.

Pépin, en te voyant on se disait *quel nain!*
Il était de petite taille.

768. SOUMISSION DE L'AQUITAINE.

Waïfre est mort ; dès-lors nous n'avons *aucun chef,*

Disent les Aquitains, dont la perte de ce héros abattit entièrement le courage.

771. CHARLEMAGNE SEUL.

Charlemagne seul roi commence ses *conquêtes.*

Il avait d'abord partagé le trône avec Carloman son frère.

772. GUERRE CONTRE LES SAXONS.

Saxons, vous commencez votre long*ue agonie.*

L'agonie de ce peuple opiniâtre devait durer 31 ans.

774. DESTRUCTION DU ROYAUME DES LOMBARDS.

La puissance lombarde est atta*quée au cœur.*

777. EXPÉDITION CONTRE LES ARABES ; — RONCEVAUX.

Charles dit : Je le vois, Lope n'est *qu'un coquin.*

Ce Lope, duc de Gascogne, surprit au retour son arrière-garde dans la vallée de Roncevaux.

785. SOUMISSION ET BAPTÈME DE WITTIKIND.

Dès ce jour Wittikind n'excite aucun *conflit.*

Dès lors ce héros se montre fidèle observateur du traité conclu avec Charlemagne.

800. CHARLEMAGNE COURONNÉ EMPEREUR D'OCCIDENT.

C'est l'empereur qui parle ; ainsi, *fuyez, Saxons.*

803. DIÈTE DE SALTZ ; SOUMISSION DES SAXONS.

Dès la diète de Saltz le Saxon *fut soumis.*

808. PREMIÈRE INVASION DES NORMANDS.

Le Normand commençait son attaque *offensive.*

814. LOUIS I.ᵉʳ LE DÉBONNAIRE.

Louis premier trois fois par ses fils *fut trahi.*

Le règne de ce prince fut troublé par les continuelles révoltes de ses fils.

830. PREMIÈRE DÉPOSITION DE LOUIS LE DÉBONNAIRE.

Ta faiblesse, Louis, toujours sera *fameuse*.

Il fit preuve dans cette circonstance d'une inconcevable faiblesse.

833. SECONDE DÉPOSITION.

Louis couvert de cendre et d'eau se *fait momie*.

Il accepte la pénitence publique, et le front couvert de cendres, il se reconnaît coupable, au conciliabule de Soissons, de prétendus crimes dont on lui dicte la confession.

840. CHARLES LE CHAUVE.

Le Chauve à Fontenai Lothaire *va rosser*.

De concert avec Louis le Germanique, il défait à Fontenai l'ambitieux Lothaire.

843. PARTAGE DE VERDUN.

A Verdun tous les trois lèvent la main, *affirment*.

Lothaire, Louis le Germanique et Charles le Chauve jurent l'exécution du traité de partage.

845. PREMIER PILLAGE DE PARIS PAR LES NORMANDS.

Au milieu de Paris ils viennent *férailler*.

Expression familière pour combattre par le fer.

857. SECOND PILLAGE DE PARIS PAR LES NORMANDS.

Pour la seconde fois, je vois ces *vaillants gueux*,
Dit la ville de Paris.

861. TROISIÈME PILLAGE DE PARIS.

Paris, de ces brigands infâmes *venge toi*. [1]

877. LOUIS II, LE BÈGUE.

Le Bègue eut à lutter contre de *vieux coquins*.

Ce règne ne nous présente que des revoltes de seigneurs.

---

[1] On peut résumer ces trois dernières formules, par le seul vers suivant qu'on adresserait à la ville de Paris :
En **féraillant** *de ces* **vaillants gueux**, *venge-toi*.

882. LOUIS III ET CARLOMAN.

Louis III, Carloman, ensemble *vous venez.*

884. CHARLES LE GROS.

Charles le Gros ce n'est qu'un lâche *fanfaron.*

Il acheta la retraite des Normands.

886. SIÉGE DE PARIS PAR LES NORMANDS.

C'est le fer et non l'or qui devrait *vous venger.*

Ceci s'adresse à Charles le Gros, qui aima mieux acheter la retraite des Normands que de les combattre.

888. DÉPOSITION DE CHARLES LE GROS.

Le trône impérial en ce moment *fut veuf.*

La dignité impériale cessa alors d'appartenir à la maison de France.

898. CHARLES LE SIMPLE.

Deux fois privé du trône, y monter *vous pourrez.*

Ce prince devait succéder à Louis III et Carloman. Il fut donc deux fois privé du trône : par Charles le Gros d'abord, puis par Eudes qui régna 10 ans.

912. TRAITÉ DE St-CLAIR-SUR-EPTE ; ÉTABLISSEMENT DES NORMANDS EN NEUSTRIE.

Sous un même étendard désormais *battons-nous,*

Dit Charles le Simple aux Normands.

923. RAOUL.

Le Simple est prisonnier, Raoul on *peut nommer.*

Raoul fut proclamé pendant que Charles le Simple était retenu prisonnier par Herbert de Vermandois.

936. LOUIS IV D'OUTRE MER.

Louis chez les Anglais apprit à *bien manger.*

Il passa sa jeunesse en Angleterre.

954. LOTHAIRE.

Lothaire en un instant Othon II fit *pâlir.*

C'est avec raison que ce vers a un double sens : Lothaire fit pâlir

Othon ii, en envahissant à l'improviste le territoire de l'empire; :
Othon ii fit pâlir Lothaire, en venant avec ses Allemands chanter le
Te Deum sur les hauteurs de Mont-Martre.

VII.

France sous les premiers Capétiens.

987. HUGUES CAPET.

Le sang des Capets fut en héros *bien fécond.*

996. ROBERT.

Avec Grégoire v, Robert n'eut *pas beau jeu.*

Le pape Grégoire v l'excommunia pour avoir épousé Berthe sa :
parente..

1031. HENRI I".

Henri, contre tes droits Robert, Eudes *s'ameutent.*

Robert et Eudes ses deux frères lui contestèrent ses droits au :
trône ; mais il les vainquit avec le secours de Guillaume de Normandie.

1060. PHILIPPE I".

Philippe, le repos à toi c'est ta *sagesse.*

De grands évènements s'accomplissent sous son règne, mais Philippe
reste dans une heureuse inaction.

1095. PREMIÈRE CROISADE.

Dieu le veut! Dieu le veut! c'est lui qui nous *appelle.*

Tel est le cri d'enthousiasme qui sort de toutes les bouches au
concile de Clermont.

1071. DÉFAITE DE PHILIPPE A CASSEL.

Par Robert le Frison les Flamands *sont guidés.*

Philippe, dans cette expédition, avait pour but de protéger son vassal
Arnolfe contre Robert le Frison, usurpateur du comté de Flandre.

1087. PREMIÈRE GUERRE D'ANGLETERRE.

Guillaume dit : Je veux châtier *ce faquin.*

Une plaisanterie de Philippe (quand donc ce gros homme accou-
chera-t-il?) amena cette guerre.

VIII.

Normands.

861. RURICK, CHEF NORMAND, FONDE LE ROYAUME DE RUSSIE.

De puissants fondements Rurick tu *eas jeter.*

808. PREMIÈRE INVASION DES NORMANDS EN FRANCE.

Le Normand commençait son attaque *offensive.*

845, 857, 861. PILLAGES DE PARIS.

En féraillant, de ces vaillants gueux venge-toi.

886. SIÉGE DE PARIS SOUS CHARLES LE GROS.

C'est le fer et non l'or qui devrait *vous venger*

912. TRAITÉ DE St-CLAIR–SUR–EPTE; ÉTABLISSEMENT DES NORMANDS EN NEUSTRIE.

Sous un même étendard, désormais *battons-nous.*

1035. LES FILS DE TANCRÈDE EN ITALIE.

Devant ces fiers Normands la Pouille *s'humilie.*

Ils s'emparent de la Pouille, et en forment un comté dont l'empereur Henri III leur donne l'investiture.

1053. ARRIVÉE DE ROBERT GUISCART.

Le grand Robert Guiscart arrive *isolément.*

Non sans troupes, mais seul de sa famille, il vient rejoindre ses frères arrivés en 1035.

1066. CONQUÊTE DE L'ANGLETERRE PAR GUILLAUME.

Les droits des deux partis près d'Hastings *sont jugés.*

1072. CONQUÊTE DE LA SICILE PAR ROGER, FRÈRE DE ROBERT GUISCART.

Roger, du Sarrasin ton audace *est connue.*

Il remporta de nombreuses victoires sur les Sarrasins.

1081. TENTATIVE DE ROBERT GUISCART CONTRE L'EMPIRE D'ORIENT; SA VICTOIRE DE DYRRACHIUM.

Guiscart de ce succès stérile *s'infatue*.

Il se croyait déjà maître de l'empire grec, lorsque deux défaites lui apprirent qu'Alexis Comnène était encore puissant.

1130. ROGER II FONDE LE ROYAUME DES DEUX-SICILES.

Roger, Lothaire en vain veut ta *démission*.

L'empereur Lothaire refusa de le reconnaître.

IX.

Allemagne et Italie.

887. ARNOULDT EMPEREUR.

Arnouldt fut empereur quand le Gros *fut vaincu*.

La dignité impériale passa à ce prince, lors de la déposition de Charles le Gros.

936. OTHON-LE-GRAND.

Othon est conquérant, mais il n'est *pas méchant*.

951. EXPÉDITION D'OTHON EN ITALIE.

Aux mains d'Adelaïde, il met un *billet doux*.

Il épouse Adélaïde qu'il venait protéger contre Béranger.

1075. QUERELLE DES INVESTITURES; HENRI IV ET GRÉGOIRE VII.

Grégoire VII, Henri, vos conflits sont *sanglants*.

1122. FIN DE LA QUERELLE: CONCORDAT DE WORMS.

Votre absolution, saint Père, *donnez-nous*.

Dit Henri V à Pascal II, en signant ce traité.

1156. CRÉATION DU DUCHÉ D'AUTRICHE.

Le margrave Henri II fut duc *intelligent*.

L'Autriche fut érigée en duché en faveur du margrave Henri II.

1158. FRÉDÉRIC BARBEROUSSE EN ITALIE; GUELFES ET GIBELINS.

Du parti Guelfe alors le pape eut *tous les vœux.*

Les Guelfes étaient du parti des papes, et les Gibelins du parti des empereurs.

1497. PONTIFICAT D'INNOCENT III.

Du grand Innocent iii, le règne fai*t époque.*

Il augmenta considérablement le pouvoir temporel des papes et s'établit le seul chef des états de l'Église.

1243. FRÉDÉRIC II EMPEREUR.

Contre Frédéric ii, fut lancé *l'anathème.*

Il fut excommunié par Grégoire ix, à cause de son refus d'accomplir un vœu de croisade.

1243. PONTIFICAT D'INNOCENT IV.

Innocent iv avait une influence *énorme.*

Pendant son pontificat, il fit partout acte de puissance: en tous lieux les princes tremblèrent devant lui.

1245. DÉPOSITION DE FRÉDÉRIC II.

Ce fut pour Frédéric une rui*ne réelle.*

A la voix d'Innocent iv qui déposait Frédéric ii, toute l'Allemagne s'émut; l'empereur, réduit aux dernières extrémités, sollicita la paix; mais ce fut en vain, et la mort de Frédéric ne mit pas même un terme à cette guerre de désolation.

1251. GRAND INTERRÈGNE.

Conrad iv et Guillaume engagent *une lutte.*

Conrad iv, fils de Frédéric ii, soutint énergiquement ses droits contre Guillaume de Hollande que l'implacable Innocent iv avait appelé à l'empire.

X.

Croisades.

1095. PREMIÈRE CROISADE — GODEFROI DE BOUILLON.

Dieu le veut! Dieu le veut! c'est lui *qui nous appelle.*

1118. ORDRE DES TEMPLIERS.

Le templier n'est pas un moine *tout-à-fait*.
C'est un moine soldat.

1147. SECONDE CROISADE — LOUIS VII.

Pour la Croix, Louis VII, saint Bernard *le requit*.
Cette croisade fut prêchée par saint Bernard.

1190. TROISIÈME CROISADE. — RICHARD CŒUR DE LION.

Richard, les demi-dieux par tes exploits *tu passes*.
S'il faut en croire les historiens anglais, ce prince se serait illustré en Palestine par des exploits qui rendraient croyables ceux que la fable attribue aux demi-dieux.

1203. QUATRIÈME CROISADE. — EMPIRE FRANC D'ORIENT.

D'un empire nouveau les fondateurs *nous sommes*,
Disent les croisés.

1261. FIN DE L'EMPIRE FRANC D'ORIENT.

Michel avec les Francs entreprit *une joûte*.
Secondé par les Génois, Michel Paléologue parvint à enlever Constantinople aux Latins.

1217. CINQUIÈME CROISADE. — ANDRÉ, ROI DE HONGRIE.

André chef des croisés ne fit aucune *attaque*
Cette croisade ne fut signalée que par des revers.

1228. SIXIÈME CROISADE. — FRÉDÉRIC II.

Frédéric II disait : *Nous dénouons nos vœux*.
C'est-à-dire nous accomplissons nos vœux. Il fit cette expédition pour accomplir un vœu qu'il avait fait aux jours de l'infortune.

1248. SEPTIÈME CROISADE. — SAINT LOUIS.

Sans l'aveu du Seigneur ici-bas rien *n'arrive*.
Telles furent les paroles de saint Louis, lorsqu'il se vit prisonnier des infidèles.

1270. HUITIÈME CROISADE. — S. LOUIS MEURT DEVANT TUNIS.

Dès lors tous les Chrétiens sont dans l'*inaction*.
Cette croisade fut la dernière.

XI.

Allemagne et Italie.

1273. RODOLPHE DE HABSBOURG.

Ta proclamation, Rodolphe, est une *énigme*.

Il est difficile de concevoir comment Rodolphe, qui n'avait jamais brigué l'empire, put réunir les suffrages des électeurs.

1308. CONJURATION SUISSE.

La Suisse s'écriait : Guillaume *m'a sauvée*.

Tout le monde connaît Guillaume Tell comme le libérateur de la Suisse.

1315. LIGUE DE BRUNNEN.

Jurons-nous à Brunnen un appui *mutuel*.
Disent les Suisses.

1356. BULLE D'OR DE CHARLES IV.

La bulle d'or n'est pas l'œuvre d'un hom*me lâche*.
Cette bulle porte au contraire le cachet du génie de son auteur.

1440. FRÉDÉRIC III.

Frédéric empereur par son frèr*e est rossé*.
Son frère se révolta contre lui et le vainquit.

1266. CHARLES D'ANJOU A NAPLES; B.ᵉ DE BÉNÉVENT.

A Bénévent, Mainfroi, que les armes *nous jugent*,
Dit Charles d'Anjou, qui vainquit et tua Mainfroi dans cette bataille.

1268. MORT DU JEUNE CONRADIN.

Le jeune Conradin meurt sur *un échafaud*.

1282. VÊPRES SICILIENNES.

On vit des assassins tuer un *nouveau né*.

1383. MORT DE JEANNE Iʳᵉ.

Jeanne dit : Je remets mon royaum*e en vos mains*.

Elle reconnaît pour son successeur Louis 1ᵉʳ, frère de Charles v, roi de France et fondateur de la seconde maison d'Anjou.

1442. ALPHONSE V, ROI D'ARAGON, CHASSE RÉNÉ D'ANJOU DU ROYAUME DE NAPLES.

Réné d'Anjou revient comme un *roi ruiné.*

1379. GUERRE DE CHIOZZA.

Vénise fut alors vaincue en *maints combats.*

Cette fameuse lutte entre Gênes et Vénise mit cette dernière à deux doigts de sa perte.

1305. TRANSLATION DU SAINT-SIÉGE A AVIGNON.

Dans Avignon Clément transporta son *missel.*

1378. GRAND SCHISME D'OCCIDENT; URBAIN VI A ROME, CLÉMENT VII A AVIGNON.

En vain à l'union chacun d'eux *me convie,*
Dit l'Eglise, pour laquelle l'unité n'est plus possible.

1415. CONCILE DE CONSTANCE; MORT DE JEAN HUSS.

Huss à Constance expire au haut d'un *ardent lit.*
Il fut brûlé vif à Constance.

1431. CONCILE DE BALE; MARTIN V.

Bâle au schisme naissant n'apporte aucun *remède.*

Le grand schisme s'était terminé en 1415; mais les empiètements du concile de Bâle en occasionnèrent un second auquel il ne sut point remédier.

1449. FIN DU SCHISME; ABDICATION DE FÉLIX V.

L'Eglise rentre alors dans son *heureux repos.*

XII.

France et Angleterre.

1108. LOUIS VI LE GROS, ROI DE FRANCE.

Louis, de tes sujets tu te fais *des enfants.*

Ce prince, en accordant le droits des communes à des villes de son royaume, devint le père de ses sujets.

1111. DEUXIÈME GUERRE D'ANGLETERRE.

Cliton, tu fus l'objet d'un *attentat honteux*.

Louis VI s'annonça comme le protecteur de Guillaume Cliton, dépouillé par Henri Ier du duché de Normandie, son héritage.

1119. BATAILLE DE BRENNEVILLE.

Je t'apprendrai le jeu d'échecs à *tes dépens*,

Dit Louis VI. Un soldat anglais saisit la bride de son cheval en s'écriant : *Le roi est pris.* Ne sais-tu pas, lui répond le monarque, qu'on ne prend jamais le roi aux échecs? et, à l'instant, il renverse le soldat d'un coup de lance.

1137. LOUIS VII LE JEUNE.

Louis VII, en partant, à tes sujets *tu manques*.

Par un zèle exagéré pour ses devoirs de chrétien, ce prince manque à ses devoirs de roi.

1152. DIVORCE DE LOUIS VII.

Louis, d'Eléonore aujourd'hui tu *t'éloignes*.

1180. PHILIPPE-AUGUSTE.

Du jeune Arthur, Auguste embrassa la *défense*.

Il s'empara du prétexte de l'assassinat d'Arthur de Bretagne, pour envahir les possessions du roi d'Angleterre sur le Continent.

1206. CONFISCATION DE LA NORMANDIE, DU MAINE, DE LA TOURAINE, DE L'ANJOU, DU POITOU.

En Normandie, en Maine envoyons *nos agents*,
Dit Philippe-Auguste.

1214. BATAILLE DE BOUVINES.

A Bouvines tu sus la ligue *anéantir*.

L'empereur Othon IV, soutenu par les principales puissances de l'Europe, menaçait la France d'une entière dévastation : la victoire de Bouvines la sauva.

1208. CROISADE CONTRE LES ALBIGEOIS.

Au nom d'un Dieu de paix la haine *on assouvit*.

1223. LOUIS VIII LE LION.

Dans Louis l'Albigeois rencontre *un ennemi.*

Il prit aussi part à la croisade contre les hérétiques.

1226. LOUIS IX OU SAINT LOUIS.

Louis IX est un saint; mettons-l'en *une niche.*

Il est d'usage dans les églises, de placer les statues des Saints dans des niches.

1229. PAIX DE MEAUX.

La paix de Meaux fut la fin d'une haine impie.

Elle mit fin à la cruelle guerre des Albigeois, qui durait depuis 20 ans.

1242. BATAILLE DE TAILLEBOURG.

Français, suivons Louis, sa valeur *nous renie.*

Ainsi parlent les Français, en voyant Louis IX se précipiter sur le pont de Taillebourg.

1244. MALADIE ET VŒU DE LOUIS IX.

Pour moi, j'ai toujours eu le parjure *en horreur,*
Dit saint Louis.

1270. PHILIPPE LE HARDI.

Anjou, sous le Hardi, ternit son *écusson.*

La maison d'Anjou fut pendant ce règne expulsée de la Sicile, à la suite de la sanglante conspiration des vêpres siciliennes.

1285. PHILIPPE LE BEL.

Le Bel aux vœux de Rome accéder *ne voulut.*

Des démêlés avec Boniface VIII, qui voulait prélever une partie des décimes levés sur le clergé, troublèrent pendant longtemps son règne.

1297. BATAILLE DE FURNES.

A Furnes les Flamands ont éprouvé *nos piques,*
Dit le comte d'Artois vainqueur des Flamands.

1302. BATAILLE DE COURTRAI.

La noblesse à Courtrai fut presque *moissonnée.*
Cette bataille fut le tombeau de la noblesse.

1303. BONIFACE VIII. PRISONNIER.

Un roi de France impie à ses lois *me soumet.*

1312. SUPPLICE DES TEMPLIERS; MORT DE MOLAY.

Molay disait au roi : Vous mourrez *homme indigne.*

Une tradition rapporte qu'avant de mourir Jacques Molay cita le roi
et le pape à comparaître dans l'année devant le tribunal de Dieu.

1314. LOUIS X LE HUTIN.

Dès son avènement, Hutin se fait *maudire.*
Il disgracie les conseillers de son père.

1316. PHILIPPE V LE LONG.

Le Long disait aux Juifs : Vos larmes ne *me touchent.*
Il chassa tous les Juifs du royaume.

1322. CHARLES IV. LE BEL.

Charles le Bel avait la face assez *mignonne.*
C'est probablement ce qui l'a fait surnommer le Bel.

1170. ASSASSINAT DE THOMAS BECQUET.

Meurs pour tes droits, Becquet, Dieu défendra *ta cause.*

1172. CONQUÊTE DE L'IRLANDE PAR HENRI II.

Contre la belle Irlande, Henri II. tu *dégaines.*

1189. RICHARD CŒUR DE LION.

Richard cœur de lion, pour l'État *tu fis peu.*

Le règne du brillant Richard ne fut qu'une longue croisade; et si
ce prince fit beaucoup pour sa gloire personnelle, il fit bien peu pour
conserver à l'Angleterre sa prépondérance.

1192. CAPTIVITÉ DE RICHARD EN AUTRICHE.

Richard, un noble ami compâtit à *tes peines.*
Son fidèle Blondel parcourut l'Europe pour retrouver son maître.

1199. JEAN SANS TERRE.

Jean sans terre du trône est privé *depuis peu.*
Il avait déjà régné pendant la captivité de son frère.

1203 ARTHUR MIS A MORT.

Arthur, je ne vois plus en toi qu'*un insoumis*,

Dit Jean sans terre. Ce jeune prince ayant fait valoir ses droits au trône d'Angleterre, Jean sans terre le fit assassiner.

1215. GRANDE CHARTE.

Roi Jean, si tu trahis ta foi, tu *nous delies*,

Disent les barons Anglais.

1215. LOUIS DE FRANCE, ROI D'ANGLETERRE.

Pour un sceptre Louis quitta son sol *natal*.

1258. STATUTS D'OXFORD.

Dans Oxford contre Henri l'étendard *nous levons*,

Disent les barons Anglais.

1283. CONQUÊTE DU PAYS DE GALLES.

Léolyn le Gallois acquit un *nom fameux*.

Léolyn fut le Wittikind du pays de Galles.

1306. ROBERT BRUCE SOULÈVE L'ÉCOSSE.

Bruce à Dumfri poignarde un ami *mensonger*.

Il poignarde à Dumfries le traître Cumyn, qui avait dénoncé le complot au roi d'Angleterre.

1327. EDOUARD III.

Edouard III, jeune encor, punit un *homme inique*.

C'était Mortimer assassin de son père Edouard II.

XIII.

France et Angleterre.

1328. PHILIPPE VI DE VALOIS.

Philippe de Valois fut un *homme nouveau*.

Il est le premier roi de la branche des Valois.

1340. BATAILLE DE L'ÉCLUSE ET DE ST-OMER.

A Saint-Omer je rosse, à l'Ecluse on *me rosse*,

Dit la France. Vaincus à l'Ecluse, les Français remportent sur Robert d'Artois et ses cinquante mille flamands la victoire de Saint-Omer.

1341. GUERRE DE LA SUCCESSION DE BRETAGNE.

De Jeanne de Montfort éclate le *mérite*.

Le prétendant Jean de Montfort trouva dans la princesse Jeanne son épouse une héroïque auxiliaire, qui fit regagner à sa cause tout le terrain qu'elle avait perdu.

1346. BATAILLE DE CRÉCY.

Edouard eut à Crécy des Français bon *marché*.

Les Français y furent vaincus par Edouard III.

1347. PRISE DE CALAIS.

Eustache de Saint-Pierre est un *homme héroïque*.

Qui ne connait le dévouement d'Eustache de Saint Pierre et des cinq bourgeois de Calais ?

1350. JEAN LE BON.

Jean se vit abreuvé d'*humiliations*.

Il fut presque toujours malheureux.

1356. BATAILLE DE POITIERS.

A Poitiers Jean le Bon ne fut point *homme lâche*.

Il combattit en personne jusqu'au dernier moment, et fut pris les armes à la main.

1360. TRAITÉ DE BRÉTIGNY.

Par ce traité, dit Jean, les Anglais *m'ont chassé*.

C'est-à-dire m'ont rendu la liberté.

1364. CHARLES V LE SAGE.

Sage réparateur, ton souvenir *m'est cher*.

Ce fut un règne réparateur de tous les maux de la France.

1369. CITATION DU PRINCE DE GALLES.

Prince noir, tu sera heureux si tu *m'échappes*,

Dit Charles V. Le prince de Galles ou prince noir avait commis en Guyenne des exactions révoltantes.

1375. TRÈVE DE BRUGES.

Cette trève de Bruge à l'Océan *m'accule*,

Dit l'Angleterre, qui ne conserve par cette trève que les villes de
Calais et de Bordeaux.

1379. MORT DE DUGUESCLIN.

Duguesclin meurt ; il dit : Je finis *mes combats*.

1380. CHARLES VI.

Charles sixième avait la tête bien *mauvaise*.

Douze ans plus tard il tombait en démence.

1382. BATAILLE DE ROSEBECQ.

Le carnage à Rosbecq signale *ma venue*,

Dit Charles vi, qui marchait sur les Flamands révoltés contre leur
comte Louis de Male.

1392. DÉMENCE DE CHARLES VI.

Ciel ! quel est ce fantôme, ou cette *âme païenne*..

Telles étaient les paroles que prononçait le roi, lorsque dans ses
moments d'exaltation fébrile, il croyait voir dans la forêt du Mans
cet homme, drapé de blanc, et d'une figure hideuse, sortir d'un
buisson, arrêter son cheval, et lui dire : *Roi, n'avance pas, tu es
trahi.*

1407. ASSASSINAT DU DUC D'ORLÉANS.

Jean sans peur l'assassin était un *rusé gueux*.

Pour arriver plus sûrement à son but, Jean sans peur ne recula pas
devant l'hypocrisie, ni même devant le sacrilège.

1411. GUERRE DES BOURGUIGNONS ET DES ARMAGNACS.

Bourguignons, Armagnacs ont une haine *ardente*.

1415. DÉFAITE DES FRANÇAIS A AZINCOURT.

France, pour Azincourt tu peux bien prendre *deuil*.

1418. MASSACRE DES ARMAGNACS.

Tanneguy-Duchâtel te sauve, heureux *dauphin*.

Le dauphin Charles fut sauvé du massacre par Tanneguy-Duchâtel.

1419. ASSASSINAT DU DUC DE BOURGOGNE.

Au pont de Montereau Jean sans peur *est tombé*.

Le duc de Bourgogne fut assassiné à la conférence du pont de Montereau.

1420. INFAME TRAITÉ DE TROYES.

Au titre de français osez-vous *renoncer* ?

Les signataires de ce traité renonçaient au nom de français, puisqu'ils donnaient au roi d'Angleterre, avec la main de Catherine de France, l'héritage de la couronne.

1422. CHARLES VII LE VICTORIEUX.

Charles VII roi de Bourge, *ironie inouïe* !

Les Anglais l'appelaient dérisoirement le roi de Bourges.

1429. JEANNE D'ARC.

Jeanne d'Arc apparait, et Charles *règne en paix*.

1431. MORT DE JEANNE D'ARC.

On me livre au bûcher ; j'obéirai, *mon Dieu*,
Dit Jeanne d'Arc. Elle fut brûlée à Rouen.

1453. LES ANGLAIS EXPULSÉS DU CONTINENT.

Entendez des Anglais les jaloux *hurlemens*.

1371. AVÈNEMENT DES STUARTS EN ÉCOSSE.

Robert Stuart est roi ; Douglas est *mécontent*.

La famille des Douglas aspirait aussi au trône.

1377. RICHARD II, ROI D'ANGLETERRE.

Richard à Wat-Tyler dit : Infâme *coquin* !

Ce prince eut à réprimer la révolte du forgeron Wat-Tyler, qui avait insurgé les paysans du comté d'Essex.

1381. IMPOT DE LA CAPITATION.

Cet impôt fut voté par des hommes *vendus*.

Cet impôt, établi par des chambres corrompues, donna lieu à un grand nombre d'insurrections.

1422. HENRI VI. ROI DE FRANCE ET D'ANGLETERRE.

Henri, ton début fut une *ruine inouïe*.

Il commença par perdre toutes ses possessions sur le Continent.

1452. GUERRE DES DEUX ROSES.

Entre Yorck et Lancastre éclate alors *la haine*.

Cette longue guerre ne fut que l'explosion de la rivalité qui existait depuis longtemps entre les maisons d'Yorck et de Lancastre.

XIV.

Espagne et Portugal. — Grecs et Turcs.

1030. FIN DU KHALIFAT DE CORDOUE.

Hescham abandonna cette ville *insoumise*.

Il fut chassé de Cordoue par un soulèvement des habitants.

1035. MORT DE SANCHE LE GRAND.

Sanche dit : Jai tenu trois sceptres *sous mes lois*.

Ce prince, d'abord roi de Navarre, était parvenu à dominer sur les trois royaumes; à sa mort ils furent séparés de nouveau.

1086. BATAILLE DE BADAJOZ — LES ALMORAVIDES.

Par Yousef-ben-Tachfyn les croyants *sont vengés*.

Ferdinand Ier de Castille, après plusieurs victoires, était sur le point de chasser entièrement les musulmans de l'Espagne, lorsque Yousef-ben-Tachfyn, par la victoire de Badajoz, vengea ses coréligionnaires.

1139. FONDATION DU ROYAUME DE PORTUGAL PAR ALPHONSE HENRIQUEZ.

Alphonse Henriquez dit : Le Ciel guide *mes pas*.

Le Ciel semblait en effet l'environner d'une protection spéciale dans ses brillants combats contre les Maures..

1212. BATAILLE DE LAS-NAVAS-TOLOSA OU DE MUREDAL.

A Naser l'Almohade un congé *nous donnons*,

Disent les princes chrétiens confédérés, qui par cette victoire ruinent la puissance des Almohades en Espagne.

1230. CONQUÊTE DES ILES BALÉARES PAR JAYME Ier LE CONQUÉRANT, ROI D'ARAGON.

Cette perte est pour eux une infortune *immense*.

Ce fut pour les Maures une perte irréparable, et le présage de leur prochaine décadence.

1340. SIÉGE DE TARIFFA.

Alphonse à Tariffa fut digne du dieu *Mars*.

Cette place était assiégée par les rois de Maroc et de Grenade ; Alphonse IX roi de Castille la délivra par des exploits surprenants.

1385. BATAILLE D'ALJUBAROTTA.

Près d'Aljubarotta Jean fut *homme vaillant*.

Cette victoire, remportée sur les Castillans par Jean le Bâtard, roi de Portugal, affermit la couronne sur la tête de ce prince.

1419. DÉCOUVERTE DE MADÈRE PAR LES PORTUGAIS.

Madère n'était pas un *aride pays*.

Elle était couverte lorsqu'on la visita pour la première fois, d'une forêt qui la rendait inabordable.

1450. DÉCOUVERTE DES ILES DU CAP-VERT.

Aux iles du cap-Vert Noli n'a *rien laissé*.

Le Portugais Noli qui visita le premier ces iles n'y laissa aucune colonie.

1486. DÉCOUVERTE DU CAP DE BONNE ESPÉRANCE.

Diaz aborde enfin à cet heureux *rivage*.

Barthélemy Diaz aborda le premier à ce cap, qui était depuis long-temps le point de mire de tous les navigateurs Portugais.

1298. EMPIRE TURC D'ASIE FONDÉ PAR OSMAN.

Osman aimait le vin, mais jamais *n'en buvait*.

L'usage du vin est proscrit par le Koran.

1336. NAISSANCE DE TAMERLAN.

Le fameux Tamerlan n'est pas *homme manchot*.

1401. VICTOIRE DE TAMERLAN SUR LE SULTAN BAJASETH A ANCYRE.

Tamerlan, sois béni pour ton *heureuse idée*,

Dit l'empereur Manuel II, dont cette victoire sauve la capitale.

1453. PRISE DE CONSTANTINOPLE PAR MAHOMET II.

Entendez-vous des Grecs les tristes *hurlemens*.

Chassés de Constantinople, les Grecs remplissent le reste de l'Europe du bruit de leurs lamentations.

XV.

Littérature, Philosophie, inventions au moyen-Âge.

Littérateurs : Joinville, le Dante, Pétrarque, Boccace, Froissart, Monstrelet.

Philosophes : Saint Anselme, Abailard, saint Bonaventure, saint Thomas d'Aquin, Albert le Grand, Roger Bacon, Raymond Lulle, Gerson.

Inventions : Gamme musicale, papier coton, lunettes, boussole, poudre à canon, horloge à poids, vitres, peinture à l'huile, gravure sur bois, imprimerie, gravure sur cuivre.

1319. JOINVILLE.

Joinville, dit Louis, en tout temps *m'aida bien*.

Admis dans l'intimité du saint roi Louis IX, Joinville l'accompagna partout. Dans l'histoire qu'il a écrite de la vie de ce prince, il nous a transmis les détails les plus circonstanciés sur son caractère et ses habitudes.

1321. LE DANTE.

Dante nous a montré le front des *Euménides*.

Dans son poëme intitulé *L'Enfer*.

1374. PÉTRARQUE.

Pétrarque encore enfant de Florence *émigra*.

Son père, attaché à la cause Gibeline, fut obligé de quitter Florence à l'époque de la défaite de ce parti. Il alla d'abord à Pise, puis à Avignon.

1375. BOCCACE.

Boccace le conteur sa plume a *maculé*.

Il est à regretter que dans ses contes, d'ailleurs très-bien écrits, il n'ait pas respecté les mœurs.

1410. FROISSART.

Froissard ne brille pas par l'*érudition*.

Dans la chronique de Froissard, les faits ne sont pas présentés avec l'ordre et la netteté que l'on pourrait attendre d'un historien de profession, mais son récit a du charme par sa naïveté même. Froissard est avant tout un admirable conteur.

1453. MONSTRELET.

Monstrelet de Froissard le flambeau *ralluma*.

Les chroniques de Monstrelet comprennent l'histoire de 1400 à 1453, et forment ainsi précisément la continuation de Froissard, qui s'arrête en 1400.

1109. SAINT ANSELME.

Saint Anselme archevêque au roi *désobéit*.

A l'avènement de Henri 1er au trône d'Angleterre, Anselme refusa de renouveler entre ses mains l'hommage qu'il avait autrefois rendu au roi Guillaume le Roux comme archevêque de Contorbéry. Il quitta l'Angleterre et se retira à l'abbaye du Bec en Normandie.

1142. ABAILARD.

Abailard se laissa par l'amour *entraîner*.

On connaît ses amours et leur funeste dénouement.

1274. SAINT BONAVENTURE.

Bonaventure est mort ; on lui donne un *nom grand*.

On le surnomme *doctor seraphicus*.

1274. SAINT THOMAS D'AQUIN.

D'Aquin, par toi la foi pénètre dans *nos cœurs*.

Dans son œuvre immense, la *Summa Theologiæ*, œuvre à laquelle n'eut pas suffi toute la vie d'un homme ordinaire, il nous donne les preuves de l'existence de Dieu, de la fin de l'homme, de la liberté, enfin de tout ce qui se rapporte à la philosophie chrétienne.

1280. ALBERT LE GRAND.

Albert le Grand, du diable eut *une invention*.

La profondeur de ses connaissances le faisait passer aux yeux du peuple pour un magicien et un enchanteur. On cite son automate doué de la parole et du mouvement, que saint Thomas brisa d'un coup de bâton, le prenant pour un agent du démon.

1294. ROGER BACON.

Roger Bacon disait : Que les sots sont *nombreux!*

Telles durent être ses pensées, lorsqu'il se vit, à cause de son amour pour la science, accusé de magie, et sur cette folle imputation retenu dix ans prisonnier, et cela par l'ordre du pape.

1315. RAYMOND LULLE.

Raymond Lulle est un saint, prenez-le pour *modèle*.

Cet esprit ardent et inquiet, après s'être livré à toute la fougue d'une sensibilité orientale, quitta les plaisirs du corps pour l'étude et l'exaltation religieuse. On le considérait généralement comme un saint.

1429. GERSON.

Gerson aux Gallicans sut prêter *un appui*.

Quoique fervent catholique, le chancelier Gerson combattit les doctrines exclusives des ultramontains, et soutint au concile de Pise, que l'Eglise peut s'assembler sans le consentement du pape, quand celui-ci s'obstine à ne pas la convoquer.

1025. INVENTION DE LA GAMME MUSICALE PAR GUY D'AREZZO.

La musique avant lui n'avait ni *si ni la*.

1030. PAPIER COTON EN FRANCE.

Ce papier est très-blanc, mais il est *salissant*.

Il est plus sujet à se maculer que le papier de lin.

1280. LUNETTES A LIRE.

Les myopes dès-lors trouvent de *nouveaux yeux*.

1302. BOUSSOLE.

Précieux instrument, la route tu *m'enseignes*,
Dit le navigateur.

1338. PREMIER USAGE DES CANONS EN FRANCE.

La poudre et les canons ont à peu près *même âge*.

Bien qu'on connût probablement la poudre longtemps avant cette époque, ce n'est qu'à part... le ... ... le quinzième siècle, qu'elle fut employée à la guerre.

1371. PREMIÈRE HORLOGE A POIDS A PARIS.

Maintenant c'est un poids et non l'eau qui *me guide*.

Jusqu'alors l'aiguille des horloges avait été mise par un courant d'eau. On employait les clepsydres.

1354. USAGE GÉNÉRAL DES VITRES EN FRANCE.

La lumière apparaît même aux plus *malheureux*.

Les vitres étaient connues depuis longtemps, mais elles devinrent seulement alors accessibles à tous les hommes.

1427. INVENTION DE LA PEINTURE A L'HUILE.

Des anciens procédés Van Eych fut *vainqueur*.

Hubert Van Eych et Jean de Bruges, en inventant la peinture à l'huile, abandonnèrent la ... ...

1423. GRAVURE SUR BOIS.

La gravure sur bois était un *art nouveau*.

1450. IMPRIMERIE.

L'illustre Guttemberg aux siens n'a *rien laissé*.

Guttemberg, l'inventeur de l'imprimerie, mourut dans un état voisin de l'indigence.

1452. GRAVURE SUR CUIVRE.

De Maso Finiguerre on gardera *le nom*.

Elle fut inventée par Maso Finiguerre.

HISTOIRE MODERNE.

XVI.

Turquie, Hongrie, Bohême, Allemagne.

1456.   SIÉGE DE BELGRADE PAR MAHOMET II.

Huniade mérite une entière *louange*.

C'est à Jean Huniade qu'appartient la gloire d'avoir repoussé les Turcs de Belgrade, et peut-être préservé l'Europe entière de leur invasion.

1480.   SIÉGE DE RHODES PAR MAHOMET II.

Pierre Aubusson, sommé de se rendre, *refuse*.

Pierre Aubusson était alors grand-maître de l'ordre : il se défendit avec un courage héroïque.

1468.   MATHIAS CORVIN, ROI DE HONGRIE.

Des Hongrois en ce jour Mathias est l'*heureux chef*.

1520.   SOLIMAN LE GRAND OU LE MAGNIFIQUE.

La prise de Belgrade à l'Occident *l'annonce*.

A peine monté sur le trône, Soliman II s'empara de Belgrade. C'était un défi jeté à l'Europe chrétienne.

1523.   PRISE DE RHODES PAR SOLIMAN II.

Soliman entre enfin dans cette *île ennemie*,

Devant laquelle son prédécesseur s'était épuisé en inutiles efforts.

1526.   BATAILLE DE MOHAEZ.

La Hongrie à Mobaez; en son sang *elle nage*.

Les Hongrois y furent complètement battus, leur roi Louis II y perdit la vie.

1529.   SIÉGE DE VIENNE PAR SOLIMAN II.

Soliman, Vienne avait dans le Ciel *un appui*.

On crut généralement alors que Vienne devait sa délivrance à un miracle.

1534.   ALLIANCE DE FRANÇOIS Ier AVEC SOLIMAN.

En ce jour le Croissant à la Croix *ils marient*.

1571. BATAILLE NAVALLE DE LEPANTE.

Le fils de Charles-Quint des Chrétiens est *le guide.*

Don Juan d'Autriche, fils naturel de Charles-Quint, commandait l'armée chrétienne.

1683. SIÉGE DE VIENNE PAR KARA - MUSTAPHA.

Kara Mustapha dit : Tous les Viennois *j'affame.*

Vienne fut délivrée par Sobieski, le libérateur de la Pologne.

1493. MAXIMILIEN Ier, EMPEREUR D'ALLEMAGNE.

Maximilien 1er fut de l'*Europe ami.*

Si l'on en excepte quelques hostilités dans le Milanais avec Charles VIII et Louis XII, il resta en paix avec l'extérieur, et employa toutes ses ressources à réprimer les dissensions de l'intérieur de l'Allemagne et à arrêter les progrès des Turcs.

XVII.

Espagne et Portugal.

1469. MARIAGE DE FERDINAND ET D'ISABELLE.

L'orpheline Isabelle accepte un *riche époux.*

A l'époque de son mariage, Isabelle n'était pas encore reine de Castille ; elle ne le devint de fait qu'en 1476 après la bataille de Toro, tandis que son époux était certain de posséder un jour les vastes états de son père Jean II.

1479. RÉUNION DE L'ARAGON ET DE LA CASTILLE.

Ces états sont unis ; ce n'est pas par *combats.*

Cette réunion se fit pacifiquement, par suite de la mort de Jean II père de Ferdinand le Catholique et roi d'Aragon.

1480. ÉTABLISSEMENT DE L'INQUISITION.

On somme d'abjurer ces martyrs : ils *refusent.*

L'abjuration ou la mort, tel était le mot d'ordre des inquisiteurs.

1486. DÉCOUVERTE DU CAP DE BONNE-ESPÉRANCE.

Diaz aborde enfin à cet heureux *rivage.*

1492. CONQUÊTE DU ROYAUME DE GRENADE.

Lors Abboul-Abdallah, va vivre en *roi banni*.

Le dernier roi de Grenade fut Abboul-Abdallah-Zaquir, appelé aussi Boabdil.

1492. DÉCOUVERTE DE L'AMÉRIQUE.

Ce nouveau continent est une terre *bonne*,

Puisqu'on y trouve l'or en abondance.

1504. MORT D'ISABELLE. — PHILIPPE LE BEAU.

Isabelle expirant, l'Espagne est *lacérée*.

Au lieu de laisser à l'Espagne sa force, en maintenant l'Aragon et la Castille entre les mains de Ferdinand le Catholique, les Castillans lui préfèrent Philippe le Beau, son gendre.

1512. CONQUÊTE DE LA NAVARRE.

Ferdinand en Navarre envoie un *lieutenant*.

C'est Frédéric d'Albe, qui défait Jean d'Albret et le refoule audelà des Pyrénées.

1516. MORT DE FERDINAND; CHARLES-QUINT ROI.

Des complots sont ourdis; Ximénès *les déjoue*.

Pendant sa régence d'une année, Ximénès rendit un grand service à Charles-Quint, par la vigueur qu'il déploya contre les révoltés et les traîtres.

1521. CONQUÊTE DU MEXIQUE PAR FERNAND CORTEZ.

A ce puissant Mexique il manque *l'unité*.

C'est ce défaut d'unité qui met l'empire de Montézuma à la merci d'une poignée d'Espagnols.

1533. CONQUÊTE DU PÉROU PAR FRANÇOIS PIZARRE.

Pizarre a fait périr Atahualpa *lui-même*.

Après avoir attiré dans son camp Atahualpa, par quelques démonstrations amicales, il le retint prisonnier et le fit condamner à mort.

XVIII.

France et Italie.

1461. LOUIS XI.

Louis XI, ton règne est une *tragédie*.

Allusion aux sanglantes exécutions du château de Plessis-les-Tours.

1465. LIGUE DU BIEN PUBLIC; BATAILLE DE MONTLHÉRI.

Louis, tes grands vassaux sont de leurs *droits jaloux*.

Cette prétendue ligue du bien public était formée par les grands vassaux qu'irritaient les actes despotiques de leur nouveau maître.

1468. TRAITÉ DE PÉRONNE.

Louis XI, un vassal ici t'out*rage en vain*.

Louis XI, prisonnier de Charles le Téméraire, achète sa liberté par ce traité.

1472. SIÉGE DE BEAUVAIS. — JEANNE HACHETTE.

Jeanne Hachette y conquit un *héroïque nom*.

1476. BATAILLES DE GRANSON ET DE MORAT; MORT DE CHARLES LE TÉMÉRAIRE.

A Morat fut vaincu cet *arrogant géant*.

1479. BATAILLE DE GUINEGATE.

Guinegate, pour deux fut un *heureux combat*.

Le nombre des morts étant à peu près égal de part et d'autre, les Impériaux et les Français s'attribuèrent la victoire.

1482. TRAITÉ D'ARRAS. — RÉUNION DE LA BOURGOGNE A LA FRANCE.

La Bourgogne est à nous et la gue*rre est finie*,

Dit Louis XI. Ce traité, conclu avec Maximilien, confirma à la France la possession de la Bourgogne, de l'Artois et de la Franche-Comté.

1483. CHARLES VIII.

Charles VIII, ta sœur Anne a fait honneur *aux femmes*.

Anne de Beaujeu, sœur et régente de Charles VIII, fait honneur à son sexe par la fermeté de son caractère. La vigueur de son administration triompha de toutes les intrigues des ducs d'Orléans et de Bourbon.

1488. BATAILLE DE SAINT-AUBIN.

Saint Aubin, de ma sœur la puissance *ravive*,

Dit Charles VIII. Le duc d'Orléans, qui avait mis dans sa cause l'archiduc d'Autriche et le duc de Bretagne, y fut vaincu. Cette victoire raviva donc la puissance de la régente.

1490. RÉUNION DE LA BRETAGNE A LA COURONNE.

Vénus à l'assiégeant apporte une *réponse*.

Anne de Bretagne était fiancée à Maximilien d'Autriche; mais, mal défendue par ce prince, assiégée dans Rennes par Charles VIII, elle consentit à épouser ce dernier, et la Bretagne fut définitivement acquise à la France par les clauses du contrat qui les unit.

1494. CHARLES VIII EN ITALIE.

Les insuccès d'Anjou Charles veut *réparer*.

Il y avait 52 ans que Réné d'Anjou avait été expulsé du royaume de Naples.

1492. PONTIFICAT D'ALEXANDRE VI.

Pontife incestueux, penser à toi *répugne*.

1495. BATAILLE DE FORNOUE.

Fornoue est vainement des ennemis *remplie*.

40,000 confédérés attendent les Français à Fornoue; mais leur nombre n'empêche pas ceux-ci de repasser les Alpes.

1498. LOUIS XII, LE PÈRE DU PEUPLE.

Louis gagne les cœurs par ses nombreux *bienfaits*.

1499. EXPÉDITION DANS LE MILANAIS.

Louis le More alors descend d'un *rang pompeux*.

Le roi de France chasse Louis le More du Milanais, dont il donne le gouvernement à Trivulse.

1503. BATAILLE DU GARIGLIANO.

Le Garigliano dit : Aux Français *laissez-moi*.

Cette défaite force les Français à évacuer définitivement le royaume de Naples.

1504. TRAITÉ DE BLOIS.

Par les états de Tours il sera *lacéré*.

Ce traité, dont l'exécution eut livré à Charles d'Autriche, avec la main de la princesse Claude, les plus belles provinces de la France, fut cassé par les états généraux de Tours.

1508. LIGUE DE CAMBRAI.

On se ligue à Cambrai : Venise au *loin s'enfuit*.

Cette ligue était dirigée contre Venise, et avait Louis xii à sa tête.

1511. SAINTE LIGUE.

Ligués contre la France, ils pensent *la dompter*.

Elle était dirigée contre la France par les Vénitiens, Ferdinand, Maximilien et le pape Jules ii.

1513. BATAILLE DE GUINEGATE OU JOURNÉE DES ÉPERONS.

De ce sauve qui peut, Bayard fut *le témoin*.

Bayard fut témoin de la déroute de l'armée française; et si par sa présence d'esprit et son dévouement il ne sauva pas Thérouane, il préserva du moins la gendarmerie française d'une entière destruction.

1513. PONTIFICAT DE LÉON X.

De Saint-Pierre de Rome, il acheva *le dôme*.

Ce fut même ce qui fournit un prétexte aux premières prédications de Martin Luther.

XIX.

Rivalité de la France et de la maison d'Autriche.

1515. AVÈNEMENT DE FRANÇOIS Ier.

François à Marignan dit au Suisse : *Halte là !*

Son début fut la victoire de Marignan remportée sur les Suisses.

1519. CHARLES-QUINT EMPEREUR.

Charles est proclamé, non sans de *longs débats*.

Les électeurs restèrent longtemps indécis entre les trois candidats : François Ier, Henri viii et Charles-Quint.

1521. PREMIÈRE GUERRE ENTRE FRANÇOIS Ier ET CHARLES-QUINT.

Bayard est assiégé ; ses fossés *il inonde*.

Les hostilités commencent par le siège de Mézières, où commandait Bayard.

1523. DÉFECTION DE BOURBON.

Bourbon est un infâme ; il passe à *l'ennemi*.

1525. BATAILLE DE PAVIE.

À Pavie il est pris ; de France *éloignons-le*,

Dit Charles-Quint. Le roi de France, fait prisonnier dans cette bataille, alla à Madrid, expier dans les fers son héroïque imprudence.

1526 TRAITÉ DE MADRID.

La bonne foi, dit-on, prit pour voi*le un nuage*.

Elle dut se voiler la face, en voyant François 1er renier en ce jour tout son passé de loyauté.

1527. DEUXIÈME GUERRE.

Surveillons Doria, car il nous fait *la nique*.

L'amiral génois André Doria, après avoir servi la France, la trahit pour suivre Charles-Quint.

1529. TRAITÉ DE CAMBRAI, OU PAIX DES DAMES.

On l'appelait aussi la paix des b*lancs bonnets*,

Parce qu'elle fut conclue par deux femmes

1534. ALLIANCE DE FRANÇOIS Ier ET DE SOLIMAN.

En ce jour le Croissant à la Croix *ils marient*.

1535. TROISIÈME GUERRE.

Anne Montmorency fit le bien par *le mal*.

Le connétable Anne de Montmorency sauva le midi de la France en le dévastant.

1538. TRÊVE DE NICE.

Nice des deux rivaux arrête *les méfaits*.

1543. BATAILLE DE CÉRISOLES.

Cérisoles, tu vis tout l'empire *alarmé*.

Cette bataille dut alarmer l'empire, puisqu'elle lui coûta 10. 000 hommes, ses canons, ses bagages et ses drapeaux.

1544. TRAITÉ DE CRESPY.

A Crespy, de ses plans Charles connut *l'erreur*.

Il dut abandonner dès-lors ses plans de suprématie européenne.

1547. HENRI II. ROI DE FRANCE.

Henri ii à l'Anglais porte un *douloureux coup*.

Pendant son règne, Guise reprend Calais aux Anglais.

1552. PRISE DES TROIS ÉVÊCHÉS.

Par là, des protestans le péril *il éloigne*.

En attaquant Metz Toul et Verdun, Henri ii attire sur lui l'attention de l'empereur, et sauve les protestants d'Allemagne.

1554. VICTOIRE DES FRANÇAIS A RENTI.

Roi de France, à Renti pour toi sont *les lauriers*.

1555. PREMIÈRE ÉGLISE RÉFORMÉE A PARIS.

La réforme à Paris chante *l'Alleluia*.

1555. ABDICATION DE CHARLES-QUINT.

Charles, de ses sujets délia *les liens*.

1557. BATAILLE DE SAINT-QUENTIN.

Guise est à Saint Quentin victime de *la ligue*.

Il est vaincu par Philibert Emmanuel, qui commandait les troupes liguées de l'Espagne et de l'Angleterre.

1558. PRISE DE CALAIS PAR FRANÇOIS DE GUISE.

Guise est devant Calais ; en huit jours il *l'enlève*.

Il force en huit jours cette place, que le vainqueur de Crécy n'avait prise qu'après 11 mois de siège.

1559. PAIX DE CATEAU-CAMBRÉSIS.

Le peuple est dans l'erreur ; heureuse *elle l'est bien.*

Le peuple l'appela *paix malheureuse,* parce que la France restitua à Philippe un grand nombre de places conquises ; mais il ne considéra pas qu'elle avait l'immense avantage de rentrer dans ses limites naturelles par l'acquisition de Calais et des trois évêchés.

XX.

La réforme en Allemagne et en Suisse.

1517. COMMENCEMENT DE LA RÉFORME.

D'un moine ambitieux Léon subit *l'attaque.*

1525. MUNCER. — LES ANABAPTISTES.

Muncer à Mulhausen proclame les *lois nulles.*

Par une extention forcée de la doctrine de Luther sur la liberté chrétienne, Muncer proclama la liberté absolue, l'égalité en tout, et l'abolition de toutes les lois.

1529. DIÈTE DE SPIRE. — PROTESTANTS.

A Spire ils s'écriaient : C'est un vo*l, un abus.*

Un décret de la diète de Spire ordonnait de suivre la religion de l'Eglise romaine ; les princes luthériens d'Allemagne prétendirent y voir un abus de pouvoir et une atteinte à leurs privilèges : ils protestèrent. De là le nom de *protestants.*

1530. CONFESSION D'AUSBOURG.

De formuler le dogme ils ont *la mission.*

Les protestants envoyèrent à la diète d'Ausbourg des docteurs chargés de présenter leur profession de foi.

1532. TRANSACTION DE NUREMBERG.

Soliman II s'avance, et la paix *il amène.*

L'invasion menaçante de Soliman amena cette première paix de religion. On se réunit contre l'ennemi commun.

1545. OUVERTURE DU CONCILE DE TRENTE.

Ce concile fameux doit jouer un *long rôle*.
Il dura plus de 18 ans.

1548. INTÉRIM D'ANSBOURG.

Du conciliateur Charles-Quint c'est *le rêve*.

L'observation de cet intérim était un rêve de l'esprit conciliateur
de Charles-Quint. Il ne fit qu'envénimer la querelle. Les protestants y
virent une oppression ; les catholiques un scandale.

1555. PAIX DÉFINITIVE D'AUSBOURG.

Les partis font la paix ; quant à Charle, *il les loue*.

1538. CALVIN A GENÈVE.

Genévois, en ce jour vers vous le Ciel *m'envoie*,
Dit Calvin.

XXI.

La Réforme en Angleterre.

1452. GUERRE DES DEUX ROSES.

Entre Yorck et Lancastre éclate alors *la haine*.

1455. BATAILLE DE SAINT-ALBANS.

A Saint-Albans Richard affecte un *air loyal*

Maître du roi Henri vi, il ne le dépouilla pas ; mais il affecta un
air loyal, en se contentant de gouverner sous le nom de protecteur.

1455. PROTECTORAT DE RICHARD.

Lors Richard protecteur affecte un *air loyal*.

1460. BATAILLE DE WAKEFIELDT.

Richard à Wakefieldt expire en *rugissant*.
Richard d'Yorck y fut vaincu et tué.

1461. BATAILLE DE LA CROIX DE MORTIMER.

Edouard iv à la Croix à vaincu la *régente*..
Marguerite épouse de Henri vi avait relevé le drapeau de la Rose

rouge abattu à Saint-Albans. Mais Edouard fils aîné de Richard d'Yorck, héritier de ses droits et de son ambition, marcha contre elle, et, par les victoires de la Croix de Mortimer et de Towton, abattit le parti Lancastrien.

1461. BATAILLE DE TOWTON.

Edouard iv à Towton a vaincu la *régente*.

Même observation.

1471. BATAILLE DE TEUKESBURY, MORT DE WARWICK.

Teukesbury rendit, Edouard quatre *content*.

Edouard iv dut être satisfait de l'issue de cette journée, puisqu'elle le débarrassait d'un ennemi dangereux, Warvick, qui se montrait l'intrepide champion de la Rose rouge.

1483. RICHARD DE GLOCESTER PROTECTEUR; MEURTRE DES ENFANTS D'ÉDOUARD IV; RICHARD III.

Richard de Glocester, un scélérat *fameux*!

Exclamation assez naturelle dans la bouche d'un homme qui connaît tous ses crimes : la mort violente de Clarence, ordonnée par Edouard iv à son instigation : l'empoisonnement de ce même Edouard iv, et le meurtre de ses deux fils.

1485. HENRI VII TUDOR.

Henri vii à Bosworth a vaincu son *rival*.

Soit remords, soit jalousie, Buckingham, ancien complice de Richard iii, se tourna contre lui : et, vaincu et tué à Bosworth, Richard céda le trône à Henri Tudor de Richemont, héritier de la maison de Lancastre.

1494. RÉVOLTE DE L'AVENTURIER PERKINS.

Ce Perkins d'Andriscus l'étendard *arbora*.

C'est l'étendard des aventuriers : Andriscus, se disant fils de Persée, s'était fait proclamer roi de Macédoine.

1509 HENRI VIII.

Défenseur de la foi, c'est toi qui *l'as sapée*.

Ce prince avait persécuté les protestants, et écrit contre Luther quelques ouvrages théologiques. qui lui avaient valu le titre de défenseur de la foi.

1534. DIVORCE DE HENRI VIII; ÉGLISE ANGLICANE.

Henri, qui t'a perdu ? — Je le vois, c'est *l'amour*.

Son amour pour Anne de Boleyn fut la première cause de sa rupture avec le Saint-Siége.

1536. MORT D'ANNE DE BOLEYN.

De sa victime alors Anne revoit *l'image*.

Les remords que lui inspirait le souvenir de ses torts envers Catherine d'Aragon, troublèrent ses derniers moments.

1547. EDOUARD VI, ROI D'ANGLETERRE.

Edouard vi est mineur; Sommerset *le harangue*.

Sommerset son oncle maternel se fit nommer régent, et suivant l'usage, il entoura le berceau du jeune prince de tous les honneurs de la royauté.

1553. MARIE, REINE D'ANGLETERRE.

Des protestants Marie a su *lier les mains*.

Aussi zélée pour le catholicisme que Henri viii l'avait été pour la réforme, Marie arrêta les progrès du schisme par de sanglants édits.

1558. ÉLISABETH, REINE D'ANGLETERRE.

Elisabeth aussi fut rebel*le à la foi*.

Elle revint au schisme de son père Henri viii.

1561. ARRIVÉE DE MARIE STUART EN ÉCOSSE.

Marie, Elisabeth veut une *lâcheté*.

Elle voulait amener Marie Stuart à renoncer à ses droits au trône.

1567. MORT DE DARNLEY.

Darnley, tu fus lancé loin du lit par *le choc*.

Il périt par l'explosion d'une machine infernale, qui éclata dans la cave de la maison où il était couché.

1568. CAPTIVITÉ DE MARIE STUART.

Sa seule perspective alors c'est *l'échafaud*.

La malheureuse Marie pouvait dès-lors prévoir le sort que lui réservait sa vindicative parente.

1587. MORT DE MARIE STUART.

Marie, elle n'est plus; le bourreau *l'a vaincue*.

1603. JACQUES STUART, ROI D'ANGLETERRE.

Jacques 1er disait : Trois peuples *j'ai sous moi*.

Il réunit sous lui les trois royaumes d'Angleterre, d'Ecosse et d'Irlande.

1605. CONSPIRATION DES POUDRES.

Raleig de ce complot fut un *agent zélé*.

La conspiration était conduite par Walter-Raleig.

1625. CHARLES Ier. ROI D'ANGLETERRE.

Charles 1er disait : Le parlement *j'annule*.

Quatre parlements toujours rebelles à ses volontés furent successivement convoqués et cassés.

1640. LONG PARLEMENT.

Il était dominé par un *agent rusé*.

C'était Olivier Cromwell.

1638. COVENENT D'ÉCOSSE.

L'Ecosse s'écriait : Pour ma foi *je me voue*.

Ce Covenent fut provoqué par les efforts que fit Charles 1er pour établir en Ecosse la hiérarchie de l'Eglise anglicane.

1641. MORT DE STRAFFORT.

Pour le long parlement ce fut un *jour honteux*.

L'injuste condamnation du plus loyal serviteur de la couronne, fut un des actes les plus honteux du long parlement.

1645. BATAILLE DE NAZEBY.

Charles à Nazeby ne fit pas *joyeux rôle*.

Il fut complètement vaincu par les indépendants, et livré au parlement par les Ecossais.

1649. MORT DE CHARLES Ier.

Cromwel dit : En ce jour le sceptre *j'ai rompu*.

1651. CHARLES II VAINCU A WORCESTER.

Il quitta Worcester avec *agilité*.

Pour se réfugier en France.

1653. FIN DU LONG PARLEMENT.

Chaque membre du Rump décampe *agilement*.

On se retire devant les baïonnettes de Cromwell.

1658. OLIVIER CROMWELL PROTECTEUR.

Ce titre est beau; j'en veux un autre, *je l'avoue*,

Dit Cromwell: il aspirait à porter ce sceptre qu'il avait brisé, et à prendre ce titre de roi qu'il avait traîné dans la fange.

1660. RESTAURATION; CHARLES II.

George Munck, oui, moi, Richard Cromwell *je chasse*.

George Munck, ancien suppôt d'Olivier Cromwell, opéra la restauration des Stuarts.

1681. BILL D'HABEAS CORPUS.

J'aime ce bill fameux, ce fut un sa*ge vote*.

1684. WHIGS ET TORYS.

Whigs et Torys entre eux sont *géants furieux*.

1688. RÉVOLUTION EN FAVEUR DU PRINCE D'ORANGE.

Guillaume, soyez roi; quant à moi, *je vous fuis*.

Ainsi parle Jacques II en s'embarquant pour la France.

1690. EXPÉDITION DE JACQUES II EN IRLANDE; BATAILLE DE BOYNE.

A Boyne aujourd'hui tous mes rivaux *j'abaisse*,

Dit Guillaume. Par cette seule victoire il triomphait en même temps de Jacques II son rival, de Louis XIV qui le soutenait, et des Irlandais qui s'étaient déclarés en sa faveur.

XXII.

La Réforme en France.

1555. PREMIÈRE ÉGLISE RÉFORMÉE A PARIS.

La réforme à Paris chante *l'Alleluia*.

1560. CHARLES IX.

Charles IX, tu connus des protestants *l'engeance*.

Son règne fut troublé par de continuelles dissensions religieuses.

1562. PREMIÈRE GUERRE DE RELIGION.

Dans Vassy l'on voyait de la mort *le génie*.

Les massacres de Vassy donnèrent le signal de cette première guerre.

1562. BATAILLE DE DREUX.

Auprès de Dreux vaincu, Condé connut *les chaînes*.

Le prince de Condé fut vaincu et fait prisonnier dans cette bataille.

1563. ASSASSINAT DE FRANÇOIS DE GUISE.

De Guise par Poltrot est frappé *lâchement*.

Il fut assassiné au siège d'Orléans par le calviniste Poltrot.

1569. BATAILLE DE JARNAC.

Après Jarnac on vit Montesquiou *lâche impie*.

Montesquiou assassina lâchement après la bataille Condé, qui venait de se rendre.

1572. LA SAINT-BARTHÉLÉMY.

Dans Paris l'on criait : A mort *les huguenots*.

1574. HENRI III.

Henri III, gare à toi, monarque *langoureux*.

Tandis que les calvinistes et les malcontents resserraient leur confédération, le nouveau roi Henri III se montrait au milieu d'une cour infâme, tout occupé des soins les plus frivoles, de pratiques extérieures de dévotion ou d'ignobles saturnales.

1576. SAINTE LIGUE.

Sainte ligue est un mot ; son vrai but *elle cache*.

Son but apparent était le maintien du catholicisme mais en

réalité elle offrait à son chef Henri de Guise la perspective de la couronne.

1585. GUERRE DES TROIS HENRI.

La guerre des Henri causa de *longs fléaux*.

Cette huitième guerre de religion ensanglanta pendant trois ans la France.

1588. JOURNÉE DES BARRICADES.

Le roi barricadé se retire, *il vous fuit*.

Le faible Henri III, à la merci d'un peuple furieux, parvint à s'échapper, tandis que sa mère poursuivait avec Guise des négociations qui amenèrent l'édit de réunion.

1588. ASSASSINAT DE GUISE.

Henri III ne pouvait être roi *lui vivant*.

On représentait à Henri III ce crime comme une nécessité politique, comme le seul moyen de devenir véritablement roi.

1589. MORT DE HENRI III; HENRI DE BÉARN, ROI DE DROIT.

Henri doit conquérir son trône; il *le voit bien*.

Il fut de ses sujets le vainqueur et le père, a dit Voltaire.

1589. BATAILLE D'ARQUES.

Crillon ne se pendit, et je crois qu'*il fit bien*.

Allusion à cette parole de Henri IV : Pends-toi, brave Crillon; nous avons combattu à Arques, et tu n'y étais pas.

1590. BATAILLE D'IVRY.

Près d'Ivry, tu vainquis par ton coup d'*œil puissant*.

1594. ENTRÉE D'HENRI IV DANS PARIS.

Après un long naufrage, Henri touche *le port*.

1598. ÉDIT DE NANTES.

Henri, du libre arbitre accorde *le bienfait*.

Cet édit accordait à tous les Français une entière liberté de conscience.

XXIII.

La Réforme dans les Pays-Bas.

1558. INQUISITION DANS LES PAYS-BAS.

De l'Inquisition la potence *il élève*.

Ces rigueurs exercées par Philippe ii, lui avaient été suggérées par son père avec cette maxime : Mieux vaut ne pas régner, que de régner sur des hérétiques.

1559. ADMINISTRATION DE GRANVELLE.

Granvelle était cruel, mais il vou*lait le bien*.

Les Flamands, qui l'avaient si énergiquement décrié, regrettèrent sa justice, lorsqu'ils se virent soumis au despotisme aveugle de son successeur Alvarez de Tolède.

1566. ALVAREZ DE TOLÈDE. — CONSEIL DES TROUBLES.

Alvarez, les Flamands voudraient bien *le changer*.

Ils regrettèrent alors le cardinal Granvelle.

1572. PRISE DE BRIEL. RÉPUBLIQUE DES PROVINCES-UNIES. GUILLAUME DE NASSAU STATHOUDER.

Guillaume de Nassau règne dans les *lagunes*.

Ce fut surtout sur les lacunes de la Hollande que s'étendit la puissance du nouveau stathouder.

1579. UNION D'UTRECHT.

Unis, nous soutiendrons nos droits dans *les combats*,

Disent les Hollandais.

1580. CONQUÊTE DU PORTUGAL PAR PHILIPPE II.

Don Henri meurt, Philippe est d'Isabe*lle fils*.

A la mort du cardinal Don Henri roi de Portugal, Philippe ii, qui était petit fils par sa mère Isabelle d'Emmanuel le Fortuné, fit valoir ses droits les armes à la main.

1588. INVINCIBLE ARMADA.

Contre les élémens elle *s'élève en vain*.

Elle fut détruite en grande partie par la tempête

XXIV.

Guerre de trente ans.

1618. DÉFÉNESTRATION DE PRAGUE.

A travers la fenêtre, en la cour *je t'envoie*,

Dit le comte de Thurn, qui fit jeter par la fenêtre les gouverneurs
de la ville.

1625. PÉRIODE DANOISE. — WALLENSTEIN.

Ils sont par Wallenstein bientôt *agenouillés*.

Ce célèbre aventurier, porté par son mérite au grade de général
des armées imperiales, força en peu de temps Christian IV et ses
Danois à abandonner la cause de la réforme.

1630. PÉRIODE SUÉDOISE. — GUSTAVE-ADOLPHE.

Gustave-Adolphe dit : Plein de feu *je me sens*.

1632. BATAILLE DE LUTZEN. — MORT DE GUSTAVE ADOLPHE.

Gustave à Lutzen dit : Sur terre *je m'ennuie*.

1635. PÉRIODE FRANÇAISE.

Il faut qu'en ce moment l'Autriche *j'humilie*,

Dit Richelieu. Vainqueur des protestants à l'intérieur, ce ministre
va combattre pour eux en Allemagne ; mais c'est moins par sympathie
pour leur cause, que pour abaisser l'Autriche et l'Espagne.

1643. BATAILLE DE ROCROY.

Le canon de Rocroy t'annonce au *genre humain*.

Ceci s'adresse à Louis XIV, roi depuis cinq jours.

1648. TRAITÉ DE WESTPHALIE.

Condé, vainqueur à Lens, la paix nous *jure enfin*.

C'est-à-dire jure en notre nom.

XXIV.

France et Espagne.

1610. LOUIS XIII.

Louis saisit un sceptre encor taché *de sang.*

Henri IV venait d'être assassiné par Ravaillac.

1617. ASSASSINAT DE CONCINI.

Concini, contre toi c'est une lâche *attaque.*

1624. ENTRÉE DE RICHELIEU AU MINISTÈRE.

Tout renaît aux rayons de ce *génie heureux.*

L'entrée au ministère de cet homme éminent ouvre une ère nouvelle au règne de Louis XIII; la noblesse abaissée, le parti calviniste abattu, la puissance de l'Autriche ébranlée, voilà l'œuvre de sa politique.

1628. PRISE DE LA ROCHELLE.

Des protestants français elle était la *Genève.*

La Rochelle était le refuge des réformés français, comme Genève était celui des réformés suisses et italiens.

1629. RICHELIEU, PREMIER MINISTRE.

Mieux te récompenser, Richelieu, *je ne puis,*

Dit Louis XIII.

1630. JOURNÉE DES DUPES.

Je vous dupe aujoud'hui, tout-puissan*t je me sens,*

Dit Richelieu. Cette journée qui, selon ses ennemis, devait voir la fin de son crédit, mit au contraire le comble à sa puissance et à sa gloire.

1635. PÉRIODE FRANÇAISE DANS LA GUERRE DE TRENTE ANS.

Il faut qu'en ce moment l'Autriche *j'humilie,*

Dit Richelieu.

1642. CONSPIRATION DE CINQ-MARS ET DE THOU.

Et cinq-Mars et de Thou conspirent *jour et nuit.*

1643. AVÉNEMENT DE LOUIS XIV.

Louis le Grand, Rocroy, t'annonce au *genre humain*.

Louis XIV n'était roi que depuis cinq jours lorsque Condé remporta cette célèbre victoire.

1648. BATAILLE DE LENS. — TRAITÉ DE WESTPHALIE.

Condé, vainqueur à Lens, la paix nous *jure enfin*,

C'est-à-dire jure pour nous, en notre nom.

1648. LA FRONDE.

Condé dit aux Frondeurs : Pour vous vaincre *j'arrive*.

Le vainqueur de Lens arrive bientôt et accable les frondeurs du poids de sa vaillante épée.

1650. CONDÉ PRISONNIER A VINCENNES.

De délivrer Condé, la Fronde est bien *jalouse*.

Les partisans de la Fronde se donnèrent beaucoup de mouvement pour sa délivrance.

1652. BATAILLE DU FAUBOURG SAINT-ANTOINE.

Au milieu du faubourg, Condé les range *en ligne*.

Condé était à la tête des Frondeurs; il fut vaincu par Turenne défenseur du parti royal.

1652. CONDÉ CHEZ LES ESPAGNOLS.

Condé trahit la France, il est donc *jaloux?* — *Non*.

Ce fut l'ambition, et non la jalousie qui amena Condé à tourner ses armes contre sa patrie.

1658. BATAILLE DES DUNES.

Aux Dunes, la bataille est à nous, *je le vois*,

Dit Turenne, qui y vainquit les Espagnols commandés par Condé

1659. PAIX DES PYRÉNÉES.

De Haro, Mazarin amarrent leurs *chaloupes*,

Mazarin pour la France, De Haro pour l'Espagne, montèrent chacun dans une chaloupe, pour se rendre à l'île des Faisans, appelée depuis Île de la Conférence. Là fut conclue la paix des Pyrénées.

1598. PHILIPPE III SUCCÈDE A PHILIPPE II EN ESPAGNE.
Philippe, de l'État ne fut point *le pivot*.

Ce prince, d'une incroyable nullité et d'une grande faiblesse de caractère, laissa les rênes de l'État entre les mains de ses ministres, les ducs de Lerme et d'Urgéda.

1610. ÉDIT DE BANNISSEMENT CONTRE LES MAURES.
Cet édit de Philippe est peu *judicieux*.

La ruine complète des arts, de l'industrie et surtout de l'agriculture fut le résultat de cet acte d'intolérance.

1640. LE PORTUGAL SECOUE LE JOUG DE L'ESPAGNE.
L'intendant Ribeiro fut un *agent rusé*.

Le docteur Pinto Ribeiro, intendant de Jean duc de Bragance, se mit à la tête d'une conjuration dirigée contre l'Espagne.. Il plaça son maître sur le trône.

XXVI.

France et Espagne.

1661. MORT DE MAZARIN.

Mazarin mort, l'espoir à tous les *régents j'ôte*,

Dit Louis XIV. Mazarin étant mort, chaque ministre espérait la première place. Le roi manisfesta bientôt sa volonté de gouverner par lui-même. Le président de l'assemblée du clergé étant venu lui demander à qui désormais il s'adresserait pour les affaires ? *A moi*, répondit Louis XIV.

1665. CONQUÊTE DE LA FLANDRE.

La Flandre a succombé sous ce *géant jaloux*.

1668. TRAITÉ D'AIX-LA-CHAPELLE.

De la Flandre le rapt par ce traité *j'achève*,

Dit Louis XIV. Ce traité lui assura la tranquille possession de la Flandre; mais il restitua la Franche-Comté qu'il avait conquise.

1672. CAMPAGNE DE HOLLANDE.

Utrecht, Over-Yssel par mes armes *je gagne*,

Dit Louis XIV. Il s'empare d'abord des provinces de Gueldre, d'Utrecht, d'Over-Yssel.

1672. COLBERT CRÉE UNE MARINE.

Colbert sur nos vaisseaux mit de léger *canons*.

1674. PREMIÈRE LIGUE EUROPÉENNE CONTRE LA FRANCE.

L'Espagne et l'Empereur disent : *Echec au roi*.

L'Espagne et l'Empereur étaient à la tête de cette ligue dirigée contre le grand roi.

1675. CAMPAGNE DE TURENNE CONTRE MONTÉCUCULLI. MORT DE TURENNE.

Turenne est à Salzbach par un *ange accueilli*.

Cet ange, c'est l'ange de la mort: Turenne est tué à Salzbach; Condé vient le remplacer.

1677. BATAILLE DU MONT CASSEL.

Philippe, à Cassel, dit : Fuyez, *lâches coquins*.

Philippe d'Orléans, frère du roi, remporta cette victoire sur le prince d'Orange.

1678. PAIX DE NIMÈGUE.

A Nimègue, Louis sans effroi *chacun vit*.

Ses ennemis n'étaient pas habitués à le voir sans effroi.

1685. RÉVOCATION DE L'ÉDIT DE NANTES.

Le protestant chassé monte sur son *cheval*.

Les protestants quittèrent la France, et allèrent porter à l'étranger leurs richesses et leur industrie.

1686. DEUXIÈME LIGUE EUROPÉENNE CONTRE LA FRANCE A AUSBOURG.

Contre l'Europe encore il nous faut *chevaucher*,

Dit Louis XIV.

1692. BATAILLE NAVALE DE LA HOGUE.

A la Hogue, l'on vit des *champions noyés*.

Beaucoup de soldats furent noyés dans la mer.

1692. BATAILLE DE STEINKERQUE.

A Steinkerque, Dieu dit : Luxembourg *je bénis.*

Luxembourg, quoique surpris par Guillaume roi d'Angleterre, y remporta la victoire.

1697. PAIX DE RYSWICK.

A Ryswick , en ce jour les ligueurs *j'ai piqués ,*

Dit Louis xiv , dont ce traité ratifia toutes les anciennes conquêtes.

1701. GUERRE DE LA SUCCESSION D'ESPAGNE

Je n'y pourrai rester, grand papa. — *Qu'en sais-tu?*

Avant de partir pour l'Espagne le petit-fils de Louis xiv lui fait part de ses craintes. Il ne croit pas, dit-il, pouvoir y rester. — Qu'en sais-tu? lui répond le roi.

1706. BATAILLE DE RAMILLIES.

Malbrough à Ramilly fut plus heureux *que sage.*

Malborough dut la victoire bien moins à la sagesse de ses dispositions, qu'à l'imprudence du général français Villeroi.

1707. BATAILLE D'ALMANZA.

Almanza, Charles iii, devient ton *casse-cou.*

Cette victoire des Français ruina la cause de l'archiduc Charles, que les Espagnols avaient proclamé roi sous le nom de Charles iii , et affermit la couronne sur la tête de Philippe v.

1708. PRISE DE LILLE PAR EUGÈNE ET MALBOROUGH.

En vain, contre Boufflers vingt atta*ques se font.*

Boufflers défendit la ville avec beaucoup de vigueur. Il ne se rendit qu'à la dernière extrémité.

1709. BATAILLE DE MALPLAQUET; — DANGER DE LA FRANCE.

Le grand Roi prend alors un héroï*que aspect.*

Après cette défaite, la France est dans le plus grand danger. Louis xiv cherche la paix; mais toujours grand, même au milieu de ses revers. il est résolu de s'ensevelir sous les débris de la monarchie, plutôt que d'accepter des conditions contraires à l'honneur de la France.

1710. BATAILLE DE VILLAVICIOSA.

Villaviciosa termine un *compte ancien.*

La France avait un compte ancien à régler avec l'Angleterre ; elle avait à venger ses défaites de Ramillies, de Hochstedt, de Lille et de Malplaquet. C'est ce que fait Vandôme à Villaviciosa.

1712. BATAILLE DE DÉNAIN.

Villars en aucun lieu ne fit mieux *qu'à Denain.*

Jamais plus habile campagne que celle par laquelle Villars sauva en cette année la France.

1713. TRAITÉ D'UTRECHT.

La paix d'Utrecht le port de Dunker*que entama.*

Cette paix stipulait la démolition du port de Dunkerque.

1714. LA MAISON DE HANOVRE AU TRONE D'ANGLETERRE.

George, étant protestant, du trône est *légataire.*

A la mort d'Anne Stuart qui ne laissait pas d'héritier, la couronne, d'après un acte passé sous Guillaume III, qui la déférait à la Ligne protestante, passa à Georges de Brunswick, arrière-petit-fils par sa mère de Jacques 1er.

XXVII.

Lettres, Sciences, Arts, Inventions.

Poètes : Marot, Ronsard, Regnier, Malherbes, Scarron, Molière, P. Corneille, Quinault, Lafontaine, Racine, Regnard, Boileau.

Orateurs : Calvin, Montaigne, saint François de Sales, Balzac, Pelisson, Labruyère, Mascaron, Bossuet, Bourdaloue, Fléchier, Fénelon.

Littérateurs étrangers : Machiavel, Arioste, Camoëns, Shakespeare, Cervantes, Saumaise, Jansénius, Milton, Dryden, Addison.

Historiens : Comines, Nostradamus, Brantôme, Sully, Mezerai, Saint-Réal, Daniel.

Peintres et Sculpteurs : Léonard de Vinci, le Corrège, le Titien, Michel-Ange, Callot, Vandyck, Rubens, Lesueur, le Dominicain, Guide, l'Albane, Poussin, Salvator Rosa, Rembrandt, Le Brun, Puget, Téniers jeune, Mignard le Romain.

Astronomes : Copernic, Ticho-Brahé, Kepler, Galilée.

Philosophes : Bacon, Descartes, Gassendi, Pascal, Spinosa, Hobbes, Malebranche, Leibnitz.

Voyageur : Magellan.

Inventions et découvertes : Soie, microscope, algèbre, bombes, tabac, épingles, lunette d'approche, calendrier grégorien, montre, thermomètre, circulation, fusil à pierre, gazette, baromètre, café, machine pneumatique, sténographie, machines à vapeur.

1544. MAROT.

Marot, pour l'épigramme, avait un *talent rare.*

Il a laissé des épigrammes très remarquables, dont on a souvent cherché à imiter la malicieuse naïveté, mais qu'on n'a jamais pu égaler.

1585. RONSARD.

Ronsard sut captiver la campagne et *la ville.*

Pendant toute sa vie, ce poète jouit d'une gloire sans partage : Henri II, Charles IX, Henri III le comblèrent tour-à-tour de bienfaits et de louanges, et lorsqu'il mourut il était cité comme le roi des poètes.

1613. REGNIER.

Regnier de ses excès subit le *châtiment.*

Quoique revêtu des ordres sacrés, Regnier se livra sans retenue à tous les excès : des infirmités précoces et une mort prématurée furent les fruits de ses désordres.

1628. MALHERBE.

Malherbe est un tyran, d'après ces *jeunes fous.*

Les jeunes littérateurs du temps, admirateurs passionnés du style de Ronsard, appelaient Malherbe *tyran des mots et des syllabes.*

1660. SCARRON.

Scarron Paul, de lui-même était un *juge sain.*

Il ne se flattait pas, lorsqu'il se proclamait un abrégé des misères humaines.

1672. MOLIÈRE.

Molière, de ta mort, la cause *je connais.*

Il mourut à la suite d'une représentation du *Malade imaginaire.* Les détails de sa mort ne sont ignorés de personne.

1684. PIERRE CORNEILLE.

Corneille, dans Othon, ta barque a *chaviré.*

La tragédie d'*Othon* montre que le grand Corneille a survécu à son génie.

1688. QUINAULT.

Quinault, Boileau te fit bien des reproches *vifs.*

Le jugement sévère que Boileau portait sur toutes les productions de Quinault, n'a pas été ratifié par la postérité à l'égard de ses opéras.

1695. LAFONTAINE.

Lafontaine, tes vers ne crains pas que *j'oublie.*

Quel est l'homme qui ne pourrait citer quelques vers du bon Lafontaine ?

1699. JEAN RACINE.

Racine en poésie est un *géant pompeux.*

1710. REGNARD.

Regnard du grand Molière eut la *condition.*

Il est notre premier comique après Molière.

1711. BOILEAU DESPRÉAUX.

Despréaux, la satire est ton pain *quotidien.*

1564. CALVIN.

Calvin, Michel Servet t'a prodigué *l'injure.*

Michel Servet s'est rendu célèbre par le mordant de ses attaques contre Calvin.

1592. MONTAIGNE.

Montaigne en ses essais brave *l'opinion.*

On l'a souvent blâmé d'avoir bravé l'opinion publique, en se prenant lui-même pour sujet de son livre.

1622. SAINT FRANÇOIS DE SALES.

François de Sale était de Genève *chanoine.*

Il fut même évêque de cette ville, pendant les vingt dernières années de sa vie.

1654. BALZAC.

Balzac en ses écrits fut par trop *chaleureux.*

On lui reproche d'avoir fait de ses lettres des morceaux académiques, s'éloignant ainsi du naturel, qui est le véritable mérite de ce genre de littérature.

1693. PÉLISSON.

Pélisson, de Fouquet fut *champion muet.*

On ne l'entendit pas, il est vrai, élever la voix en faveur de Fouquet, son bienfaiteur et son ami; mais il ne resta pas inactif, et il composa trois mémoires justificatifs, que l'on regarde avec raison comme des chefs-d'œuvre.

1296. LA BRUYÈRE

La Bruyère combat tous les méchants *penchants.*

Aucun défaut, aucun travers, ne trouve grace devant ce juge sévère et exercé; tous sont combattus dans ses *Caractères.*

1703. MASCARON.

Mascaron, à ta voix c'est le roi *qui s'émeut.*

Appelé à la cour en 1666, il prêcha bien des fois devant Louis xiv.

1704. BOSSUET.

Bossuet, tu produisais d'harmonieux *concerts.*

C'est le plus grand orateur que la chaire chrétienne ait produit. L'éloquence de ses sermons, dont il traçait à peine le plan sur le papier, et dont nous ne possédons que des ébauches, étonne cependant les esprits les plus froids; elle subjugue l'intelligence et agite vivement les cœurs.

1704. BOURDALOUE.

Bourdaloue a produit d'harmonieux *concerts*.

1710. FLÉCHIER.

Fléchier du grand Bossuet eut la *condition*.

Comme Bossuet, il prononça d'admirables oraisons funèbres.

1715. FÉNELON.

Fénelon, sur ton front la sainte *équité luit*.

On rapporte les traits les plus touchants de sa bienfaisance et de son équité.

1527. MACHIAVEL.

Machiavel, ton prince est appelé *l'inique*.

Il écrivit un traité de politique intitulé *Le Prince*, dans lequel il fit l'apologie de l'ignoble politique de César Borgia et de Louis XI.

1533. L'ARIOSTE.

L'Arioste sut bien se censurer *lui-même*.

Il retoucha souvent son poëme *Roland furieux*; son manuscrit est couvert de ratures. Cependant ses vers sont très-faciles.

1579. LE CAMOENS.

Le Camoens a décrit d'Espérance *le Cap*.

Son poëme des *Lusiades* a pour sujet la découverte du cap de Bonne-Espérance.

1615. SHAKESPEARE.

Shakespeare à vingt-cinq ans n'était pas *châtelain*.

A son arrivée à Londres, il fut réduit pour vivre à garder aux portes des théâtres les chevaux de ceux qui fréquentaient le spectacle.

1616. CERVANTES.

Cervantes malheureux, au port d'Alger *toucha*.

Il fut pris par des pirates algériens, en se rendant par mer d'Italie en Espagne, et demeura six ans captif en Barbarie.

1658. SAUMAISE.

Saumaise était frondeur, à regret *je l'avoue*.

Les injures et le mauvais goût déparent souvent ses écrits. Né à Sémur, il passa en Hollande la plus grande partie de sa vie.

1638. JANSÉNIUS.

Jansénius a fait un ouvrage *mauvais*.

C'est son ouvrage intitulé *Augustinus*, qui partagea la France en deux partis religieux : les Jansénistes et les Molinistes.

1674. MILTON.

Milton dans sa vieillesse éprouva le *chagrin*.

Il perdit la vue, et son *Paradis perdu*, œuvre sublime qui devait transmettre son nom à la postérité, fut froidement accueilli par la frivole cour de Charles ii, pour laquelle ses antécédants politiques étaient un indestructible préjugé.

1701. DRYDEN.

Dryden est appelé le poète *inconstant*.

Cromwel, Charles ii, Jacques ii, eurent tour-à-tour part à ses hommages : mais toutes ses flatteries ne le sauvèrent pas de la misère.

1719. ADDISON.

Addison, en latin, les vers te *coûtent peu*.

Il écrivait les vers latins avec une incroyable facilité.

1509. PHILIPPE DE COMINES.

Comines dans Plessis souvent mangea *la soupe*.

Il vécut dans l'intimité de Louis xi.

1566. NOSTRADAMUS.

Nostradame est devin : des temps futurs *il juge*.

Il composa dix centuries de prédictions, qui paraissent s'être assez bien réalisées.

1614. BRANTOME.

Brantôme le conteur, ton style est *enchanteur*.

Ses récits, à la fois agréables et utiles, sont un tableau vivant et animé de tout son siècle, dont il avait connu les principaux personnages.

1640. SULLY.

Sully, tu sais combien Henri te *chérissait*.

Tout le monde connaît l'étroite amitié qui unissait Sully a Henri iv.

1683. MÉZERAY.

Mézeray studieux gagne un *échauffement*.

Pendant qu'il terminait ses humanités au collége de Sainte-Barbe, son zèle pour l'étude l'entraina si loin, qu'il fit une longue maladie.

1694. SAINT-RÉAL.

Saint-Réal historien naquit à *Chambéry*.

1728. DANIEL.

Daniel en ses écrits ne montre *aucune foi*.

On lui reproche avec raison d'avoir presque toujours sacrifié l'histoire de l'époque qu'il décrit, à sa partialité pour l'ordre des Jésuites dont il faisait partie.

1519. LÉONARD DE VINCI.

Léonard de Vinci mourut *loin du pays*.

Né à Vinci près de Florence, il mourut à Amboise où il était venu à la sollicitation de François 1er.

1534. LE CORRÉGE.

Le Corrège est vanté, maintenant qu'*il est mort*.

Il mourut dans un état voisin de l'indigence. Ce ne fut qu'après sa mort que l'on connut le mérite de ses immortels travaux.

1576. LE TITIEN.

Le Titien est fidèle à Charles qui *l'engage*.

Il ne voulut jamais quitter Charles-Quint qui avait été son premier protecteur.

1564. MICHEL-ANGE.

Michel-Ange est nommé des Muses *le chéri*.

A la fois poète, architecte, sculpteur et peintre distingué, Michel-Ange peut être appelé le favori des Muses.

1635. CALLOT.

Callot, pour être peintre, a fait un *chemin long*.

Guidé par son amour pour les arts et par son vif désir d'aller à Rome étudier les grands maîtres, Callot, encore enfant, quitta la maison paternelle et se dirigea vers Rome à la suite d'une troupe de bohémiens.

1641. VANDYCK.

Vandyck vient d'achever trois portraits *aujourd'hui*.

Cette formule nous rappelle qu'il excellait dans le portrait, et qu'il le faisait avec une incroyable rapidité.

1640. RUBENS.

Rubens, le gouverneur Albert te *chérissait*.

L'archiduc Albert et Isabelle son épouse le retinrent dans les Pays-Bas, et le comblèrent de bienfaits.

1655. LESUEUR.

Lesueur poursuivi, laissa les *jaloux loin*.

Bien qu'il ne sortît pas de la médiocrité, il eut l'honneur d'exciter l'envie de plusieurs peintres et entre autres de Lebrun.

1641. LE DOMINICAIN.

Dominicain, dit-on, de Carrache *hérita*.

Augustin Carrache fut son premier maître, mais il le surpassa de beaucoup dans la suite.

1642. LE GUIDE.

Le Guide se ruinait en jouant *jour et nuit*.

Son mérite était connu ; le pape le protégeait, les amis des arts l'encourageaient ; il eût pu vivre heureux, mais sa passion pour le jeu causa le malheur de sa vie.

1660. L'ALBANE.

L'Albane des tableaux était un *juge sain*

Il est renommé pour la rectitude de son jugement en peinture.

1665. POUSSIN.

Poussin fut tourmenté par de méchants *jaloux*.

A Rome comme en France il rencontra de nombreux ennemis envieux de sa gloire.

1673. SALVATOR ROSA.

Salvator produisait cinq tableaux *chaque mois*.

Ce nombre est peut-être exagéré, mais il indique du moins l'excessive rapidité de son travail.

1674. REMBRANDT.

Rembrandt, encore enfant, d'un père est le *chagrin*.

Son père, riche meunier, le destinait aux études littéraires; mais le jeune Rembrandt paraissait complètement impropre à ce genre d'étude. Le dessin était toute sa vie.

1690. LE BRUN.

Le Brun, Darius vit sous ton *riche pinceau*.

Son tableau représentant la famille de Darius Codoman est un des plus estimés; les personnages semblent vivants.

1694. PUGET.

Puget se fixe à Gêne, et Fouquet est *jobard*.

Jobard, expression triviale, pour dire trompé. Fouquet l'ayant chargé des sculptures de son château de Vaux, Puget partit pour l'Italie pour y aller choisir des marbres. Mais, en passant à Gênes, il y reçut un si brillant accueil qu'il s'y fixa momentanément, et y fit plusieurs superbes ouvrages.

1694. TÉNIERS JEUNE.

Admirant Téniers jeune, on rend *hommage au père*.

On ne peut admirer Téniers jeune sans admirer en même temps son père, qui fut son premier maître, et qui ne lui est inférieur que par le nombre de ses compositions.

1695. MIGNARD LE ROMAIN.

Mignard du Val-de-Grace embellit la *chapelle*.

Il fut chargé de décorer la coupole de l'église de Val-de-Grace à Paris.

1543 COPERNIC.

Copernic l'immortel mourut dans les *alarmes*.

Ses derniers moments furent troublés par la crainte qu'il avait de ne pas voir la première épreuve du livre qui contenait le fruit de toute une vie de travaux, et qui était intitulé : *De orbium cœlestium revolutionibus*.

1601. TICHO-BRAHÉ.

Ticho-Brahé, pour toi ton pays fut *injuste*.

Après avoir rendu les plus grands services à l'astronomie, il vit, sous la minorité de Christiern IV, une commission vendue décider que l'établissement d'Uraniemborg qu'il avait fondé et qu'il administrait n'avait aucune utilité réelle. Obligé alors d'habiter Copenhague, il fut abreuvé de dégoûts, et renonça bientôt à sa patrie, pour répondre à l'appel de l'empereur Rodolphe.

1630. KEPLER.

Kepler a sur Newton un avanta*ge immense.*

Il proclama *à priori* les lois que plus tard Newton, par ses admirables découvertes, vérifia et popularisa.

1642. GALILÉE.

Galilée abjurant, dit : Ma foi *je renie.*

Dénoncé au tribunal de l'inquisition pour avoir exposé dans ses ouvrages le système de Copernic, il fut obligé, pour éviter la mort, d'abjurer ce que l'on appelait ses erreurs. Sa confiance dans le système de Copernic était si grande, qu'au moment même de son abjuration, il ne put s'empêcher d'ajouter à demi-voix : *Et pourtant elle se meut.*

1626. BACON.

Bacon contre Aristote écrit dès son *jeune âge.*

Dès sa seizième année il avait terminé ses études, et déjà il écrivait contre la philosophie d'Aristote.

1650. DESCARTES.

Descartes ne veut pas demeurer *chez les siens.*

Quoique français, il passa la plus grande partie de sa vie en Hollande, et pour qu'on ne vînt pas le troubler dans sa retraite, il n'en confia le secret qu'à un seul ami chargé de sa correspondance.

1655. GASSENDI.

Gassendi, d'Aristote est un *juge loyal.*

Il publia sous le titre d'*Exercitationes paradoxicæ adversus Aristotelem*, un exposé de ses vues sur le meilleur système à suivre en philosophie. Dans ce livre, tout en reconnaissant jusqu'à un certain point l'autorité d'Aristote, il condamne l'importance exclusive que lui avaient donnée ses devanciers.

1662. PASCAL.

Pascal en ses écrits montre un tranchant *génie*.

Littérateur, mathématicien, philosophe, il excelle dans tous les genres.

1677. SPINOSA.

Spinosa voit un Dieu dans un lâche *coquin*.

Il pose en principe que Dieu est tout et que tout est Dieu.

1680. HOBBES.

Hobbes la liberté par son langage *efface*.

Partant de ce principe que toutes nos idées viennent des sens, il arrive par une conclusion rigoureuse au matérialisme et au fatalisme.

1715. MALEBRANCHE.

Malebranche, aujourd'hui. bien rare est *qui te lit*.

Sa doctrine philosophique, qui peut se résumer par *Nous voyons tout en Dieu*, est complètement abandonnée aujourd'hui.

1716. LEIBNITZ.

Leibnitz un nom célèbre à son époque *attache*.

Il n'est pas une branche des connaissances humaines, à laquelle ne se soit appliqué avec succès cet *Aristote des temps modernes*.

1522. MAGELLAN.

Magellan, dit Zébu, doit périr ; *il nous nuit*.

Il périt dans un combat contre les naturels de l'île Zébu, l'une des Philippines.

1470. PREMIÈRE MANUFACTURE DE SOIE EN FRANCE

Louis onzième à Tours en fit *l'érection*.

Elle fut établie par Louis XI dans les environs de Tours.

1490. INVENTION DU MICROSCOPE.

Vu par lui, le ciron prend un *air imposant*.

Le ciron, animal presqu'invisible à l'œil nu, devient de la grosse u d'un hanneton lorsqu'on l'examine au microscope.

1494. PREMIER TRAITÉ D'ALGÈBRE EN FRANCE.

Pour nous, Lucas Burgo fit de l'algèbre *pure.*

Ce premier traité fut écrit par Lucas de Burgo.

1521. PREMIER EMPLOI DES BOMBES EN FRANCE.

Mézière est assiégée, et les bombes *l'inondent.*

Ce fut au siége de Mézières, qui ouvrit la première campagne de Charles Quint contre François 1er, qu'on employa les bombes pour la première fois en France.

1542. INVENTION DES ÉPINGLES.

L'épingle, elle est partout, chez l'esclave et *la reine.*

Quelle est la femme qui n'emploie des épingles?

1549. PISTOLET.

Le pistolet d'arçon, c'est l'arme de *l'arabe.*

1461. IMPORTATION DU TABAC EN FRANCE.

Nicot nous l'apporta, si l'on croit la *légende.*

Nicot, ambassadeur de France à la cour de Portugal, l'aurait dit-on, apporté à Catherine de Médicis à son retour de Lisbonne. On l'appela d'abord *nicotiane* ou *herbe à la reine.*

1576. LUNETTE D'APPROCHE.

On découvre avec elle un astre à l'*œil caché.*

1582. CALENDRIER GRÉGORIEN.

Pour le Russe et l'Anglais, ce fut une *loi vaine.*

L'Angleterre et la Russie refusèrent de se soumettre à cette réforme. La seconde seule a jusqu'ici persisté dans son refus.

1602. PREMIÈRES MONTRES.

Une horloge en la poche était *chose inouïe.*

1601. THERMOMÈTRE.

Le thermomètre fut trouvé par *un jésuite.*

On ne sait rien de bien positif sur l'origine de ce précieux instrument; cependant on pense que la première idée en est due à un père de la compagnie de Jésus.

1619. DÉCOUVERTE DE LA CIRCULATION DU SANG.

Ta découverte, Harvey, causa de *chauds débats*.

Quoiqu'appuyée sur des expériences pleines de sagacité, et sur des raisonnements clairs et concluants. cette belle découverte fut loin d'entraîner la conviction générale. Elle changeait tellement les opinions professées jusqu'alors, qu'elle trouva dans le monde savant une foule de détracteurs et d'antagonistes.

1630. FUSIL A POUDRE.

Il a sur l'arquebuse un avanta*ge immense*.

Jusqu'alors on avait employé l'arquebuse dans les armées.

1630. PREMIÈRE GAZETTE A PARIS.

Avec une gazette un malade *j'amuse*.

Ce fut un médecin, Théophraste Renaudot, qui fit paraître la première gazette, dans l'intention d'amuser ses malades.

1643. INVENTION DU BAROMÈTRE.

Dans le grand Galilée on le trouvait en *germe*.

Il fut construit par Toricelli; mais on le trouve en germe dans les écrits de son maître Galilée.

1644. IMPORTATION DU CAFÉ EN FRANCE.

Café, toute la France un jour te *chérira*.

Qui eût pu penser alors que l'usage de cette boisson pût devenir aussi général qu'il l'est aujourd'hui.

1653. MACHINE PNEUMATIQUE.

Otto son inventeur est un sa*ge allemand*.

La première machine pneumatique fut construite par Otto Guerike, bourguemestre de Magdebourg.

1685. STÉNOGRAPHIE.

Le sténographe dit : Sur le papier *je vole*.

1690. MACHINE A VAPEUR INVENTÉE PAR PAPIN.

Bientôt tout fut conduit par cet *agent puissant*.

D'abord uniquement employée à l'épuisement des mines, elle reçut par la suite de nombreuses applications nouvelles, et de nos jours son usage est universel.

XXVIII.

L'Europe au xviii° siècle.

1715. LOUIS XV, ROI DE FRANCE.

Philippe est un infâme, ô Louis, *quitte le*.

Qui n'a entendu parler des infamies de Philippe d'Orléans, et de son digne acolyte, le trop célèbre abbé Dubois?

1716. BANQUE DE LAW.

Ce système au crédit donne le *coup de hache*.

Bien loin de faire renaître le crédit, comme le prétendait son auteur, ce système acheva de le ruiner.

1718. CONSPIRATION DE CELLAMARE.

Philippe, Cellamare est ton ministre *actif*.

Le prince de Cellamare, ambassadeur de Madrid à Paris, était chargé par son maître Philippe v d'organiser une conspiration contre le régent.

1723. MORT DU REGENT ET DE L'ABBÉ DUBOIS.

Ils ne furent, je crois, pleurés par *aucun homme*.

Ces deux hommes, tristes personnifications du vice et de l'immoralité, ne durent laisser après eux aucun regret.

1723. MINISTÈRE DE FLEURY.

De nos prospérités Fleury fut le *canal*.

Ce sage ministre semble être le canal dont se sert la Providence pour répandre sur nous ses bienfaits : la diminution des impôts, la réorganisation des finances, la paix avec l'Europe, tels sont les résultats de sa trop courte administration.

1727. GEORGES II, ROI D'ANGLETERRE.

D'un père Georges ii souffrit l'attaque *inique*.

Après avoir fait prononcer son divorce et jeter sa femme dans une prison, Georges 1er se montra inhumain envers son fils, qu'il maltraitait publiquement, comme pour le punir des marques d'attachement que lui donnaient le peuple et les grands.

1733. GUERRE DE LA SUCCESSION DE POLOGNE.

Stanislas, pour tout perdre il ne faut *qu'un moment*.

Stanislas, en quelques mois, avait perdu son trône et même sa fortune.

1738. TRAITÉ DE VIENNE; STANISLAS EN LORRAINE.

C'est ce traité, Lorrains, près de vous *qui m'envoie*,

Dit Stanislas aux Lorrains. Par le traité de Vienne, Stanislas reçut, en dédommagement du trône de Pologne, la Lorraine qui à sa mort devait passer à la France.

1740. GUERRE DE LA SUCCESSION D'AUTRICHE.

Thérèse eut à subir une terrible *crise*.

La crise était en effet terrible, lorsqu'elle voyait la France, l'Espagne, la Sardaigne et la Prusse s'armer contre ses droits.

1743. BATAILLE DE DETTINGEN.

Dettingen vit périr notre héroïque *armée*.

La précipitation des Français leur fit perdre l'occasion de mettre à profit les savantes manœuvres de Noailles pour écraser l'armée anglaise. Ils furent au contraire battus.

1746. DESCENTE DU PRÉTENDANT EN ÉCOSSE. BATAILLE DE CULLODEN.

A Culloden, Edouard perdit enfin *courage*.

Le prétendant Edouard, après cette défaite, se retira pour ne plus reparaître.

1745. MORT DE L'EMPEREUR CHARLES VII.

Si Charles VII est mort, pourquoi nous *quereller?*

Dit Marie-Thérèse. La guerre en effet n'avait plus d'objet; mais l'animosité des partis donna suite aux hostilités.

1745. BATAILLE DE FONTENOY.

A Fontenoy vainqueurs, sonnons le *carillon*,

Disent les Français.

1747. BATAILLE DE LAWFELDT : PRISE DE BERG-OP-ZOOM.

Vainqueurs près de Lawfeldt, Berg-op-Zoom *nous croquons,*
Disent les Français.

1748. PAIX D'AIX-LA-CHAPELLE.

Aix-la-Chapelle enfin apaise nos *griefs,*
Disent les anciens ennemis que ce traité rapproche et pacifie.

1756. GUERRE DES SEPT ANS.

La cause est des Anglais la politique *lâche.*
Une lâche violation du droit des gens de la part de l'Angleterre,
précipita la France dans cette désastreuse guerre.

1757. BATAILLE DE ROSBACH.

Frédéric à Rosbach nous donne la *colique.*
Les Français y furent vaincus par le roi de Prusse Frédéric II.

1760. GEORGES III EN ANGLETERRE.

Sous Georges III, l'Anglais l'Amérique *chassa.*
Pendant son règne, l'Angleterre perdit ses possessions américaines.
qui constituèrent la république des États-Unis.

1761. PACTE DE FAMILLE.

De Bourbon aujourd'hui les maisons sont *conjointes.*
Par ce pacte, les diverses branches de la maison de Bourbon s'u-
nirent pour la défense de leur couronne.

1763. PAIX DE PARIS.

Louis XV fut là plus battu *que jamais.*
Par cette désastreuse paix, que Louis XIV n'eût pas signée même
au moment de sa plus grande détresse, la France abandonnait aux
Anglais une grande partie de ses colonies américaines, et assurait
ainsi la domination maritime à sa rivale.

1701. FRÉDÉRIC I.er FONDE LE ROYAUME DE PRUSSE.

Frédéric, en ce jour on te proclame *Auguste.*

1740. FRÉDÉRIC II LE GRAND.

Frédéric à Molwitz, ô Thérèse, *t'écrase.*
Il remporta sur Marie-Thérèse la victoire de Molwitz.

XXIX.

Etats du Nord.

861. FONDATION DE L'EMPIRE RUSSE PAR RURICK.

De puissants fondements, Rurick, tu *vas jeter*.

964. LE CHRISTIANISME EN DANEMARCK.

Harald II le Danois ses erreurs *abjura*.

Parmi les plus anciens rois connus. les chroniques danoises citent Harald, qui, vaincu par Othon-le-Grand, se vit imposer le baptême.

1001. LE CHRISTIANISME EN SUÈDE.

Olof devient chrétien ; il renonce *à Satan*.

Sigefroy d'Yorck, envoyé en Suède par Ethelredt roi d'Angleterre, baptisa Olof et toute sa famille; mais son zèle de prosélytisme fut contenu par la diète suédoise, qui se décida pour une parfaite liberté de conscience.

1240. LES RUSSES ASSERVIS PAR LES MONGOLS.

Le Mongol est vainqueur, il veut *une rançon*.

Les Mongols soumirent la Russie à un tribut.

1397. UNION DE CALMAR SOUS MARGUERITE.

Suédois, Norwégiens, Danois t'*aiment beaucoup*.

Ceci s'adresse à Marguerite de Danemarck. Cette *Sémiramis du Nord*, comme on l'appelait, sut, par la seule force de sa politique, réunir pendant quatorze ans ces trois peuples que divisaient des rivalités réciproques, et la diversité des lois, des usages et des coutumes.

1462. IWAN III, TZAR DE RUSSIE.

Des Russes Iwan III brisa la dure *chaîne*.

Il les délivra du joug des Mongols.

1532. IWAN LE TERRIBLE.

De ce terrible Iwan très-farouche est *la mine*.

Il a bien mérité ce surnom, par les cruautés et les injustices qui souillèrent la dernière partie de son règne.

1523. GUSTAVE WASA, ROI DE SUÈDE.

Les États de Strenguès roi de Suède *le nomment.*

Gustave Wasa, à la tête de 200 paysans, venait de délivrer sa patrie du joug de Christian II, le *Néron du Nord*, comme on l'appelait; les états de Suède réunis à Strenguès le portèrent au trône avec enthousiasme.

1611. GUSTAVE-ADOLPHE, ROI DE SUÈDE.

Adolphe, tu disais : Sigismond *j'ai dompté.*

Il vainquit Sigismond III roi de Pologne, et conclut avec lui la trève d'Altmarck, qui lui garantit la conservation de ses conquêtes.

1630. PÉRIODE SUÉDOISE DANS LA GUERRE DE 30 ANS.

Gustave-Adolphe dit : Plein de feu *je me sens.*

1654. INVASION DE CHARLES X EN RUSSIE.

Le roi Charles Gustave est un *jaloux héros.*

1689. PIERRE-LE-GRAND TZAR DE RUSSIE.

Pierre-le-Grand est Tzar, Suède, *cachez-vous bien.*

Il voulut conquérir sur les Suédois les côtés de la Baltique.

1697. CHARLES XII, ROI DE SUÈDE.

Me cacher!... d'espérance en Charles *j'ai beaucoup.*

Cette formule se lie à la précédente : c'est une réponse de la Suède aux bravades de la Russie.

1709. BATAILLE DE PULTAWA.

Alors à Pultawa, c'est la Suède *qu'on sape.*

Cette bataille assura la grandeur de la Russie et la chute de la Suède.

1715. PRISE DE STRALSUND.

Charles quitte Stralsund, et se sauve en *gondole.*

Pendant que la ville capitulait, Charles XII se jeta dans une barque au moyen de laquelle il parvint à gagner la Suède, en longeant les côtes de la Scanie.

1718. MORT DE CHARLES XII.

On dit que de son camp partit le *coup de feu*.

Il était occupé à reconnaître une tranchée devant Fredérickshall, lorsqu'une balle de Fauconneau l'atteignit à la tête, et termina une vie que tant de périls avaient respectée. On a pensé généralement que le coup qui donna la mort au roi de Suède n'était pas parti du camp ennemi, et que ce prince fut victime d'un complot tramé contre ses jours.

1725. CATHERINE Iʳᵉ SUCCÉDE A PIERRE LE GRAND.

Après Pierre-le-Grand, le sceptre fut *quenouille*,

Puisqu'il passa aux mains d'une femme.

1741. ELISABETH EN RUSSIE.

Lestocq, Elisabeth ne sera pas *ingrate*.

Ce Lestocq était un chirurgien français, auquel Elisabeth dut en partie son élévation au trône de son père. Ce fut lui qui, avec Woronsow et une trentaine de soldats, s'empara de la régente et de son jeune pupille Iwan qui portait le titre de Tzar.

1759. PRISE DE BERLIN PAR LES RUSSES.

Cottleben en ce jour dans Berlin *galopa*.

Cottleben était le général russe qui dirigeait l'expédition.

1762. CATHERINE II.

Sous Catherine II on vendit jus*qu'en Chine*.

Elle favorisa les arts et l'industrie, et conclut un traité de commerce avec la Chine.

XXX.

L'Europe à la fin du xviiiᵉ siècle.

1764. EXPULSION DES JÉSUITES DE FRANCE.

On croit, en les chassant, l'orage *conjurer*.

Louis xv croyait, par cet acte, conjurer l'orage qui menaçait la royauté. L'évènement ne lui donna pas raison.

1768. RÉUNION DE LA CORSE A LA FRANCE.

La Corse aurait voulu ne connaître *aucun chef*.

Cette île appartenait aux Génois. Les habitants se révoltèrent sous la conduite de Paoli et voulurent se constituer en république. Gênes, ne pouvant par elle-même les réduire à l'obéissance, prit le parti d'abandonner à la France tous ses droits sur cette île.

1769. NAISSANCE DE NAPOLÉON.

La Corse de sa foi nous donne un *gage beau*.

La Corse venait d'être déclarée française, lorsqu'elle nous donna Napoléon Bonaparte, qui fut en quelque sorte le gage de sa nationalité.

1774. AVÈNEMENT DE LOUIS XVI.

La royauté, Louis, est atta*quée au cœur*.

Dès l'avènement de ce prince, il était facile de prévoir qu'un terrible orage allait fondre sur la royauté.

1774. CONGRÈS DE PHILADELPHIE

Les droits sont déclarés dans ce fameux *congrès*.

Une déclaration des droits fut rédigée par ce congrès.

1778. INTERVENTION DE LA FRANCE EN AMÉRIQUE.

A la France ses droits l'Amérique *confie*.

1783. INDÉPENDANCE DES ÉTATS-UNIS.

Graces à Washington, politi*que fameux*.

C'est à cet homme éminent, que l'Amérique anglaise doit en grande partie son indépendance.

1785. MINISTÈRE DE PITT EN ANGLETERRE.

Pitt a contre la France excité trois *conflits*.

Ce fut cet implacable ennemi de la France, qui organisa contre nous les trois coalitions de 1793, 1798 et 1804.

1788. DÉMENCE DE GEORGES III EN ANGLETERRE.

Georges III perd la tête, il n'est plus *qu'un vieux fou*.

1789. CONVOCATION DES ÉTATS GÉNÉRAUX EN FRANCE.

Ce remède, Louis, à nos maux *convient peu.*

Il était facile de prévoir alors, d'après la disposition des esprits en France, que la convocation des états-généraux devait être la ruine de Louis XVI et de la monarchie.

1755. MINISTÈRE DE POMBAL EN PORTUGAL.

Ce Pombal est, dit-on, plus puissant *que les lois.*

On eût pu en effet le croire au-dessus des lois, en voyant la facilité avec laquelle il faisait exiler ceux qui lui portaient ombrage, même parmi les plus considérables de l'état.

XXXI.

Lettres, Sciences, Arts, Inventions.

Poètes : La Motte, Lesage, Destouches, J.-B. Rousseau, Fontenelle, Crébillon, L. Racine, Piron, Gresset, Voltaire, Gilbert, André Chénier, Florian, Marmontel, La Harpe, Marie-Joseph Chénier, Delille, Ducis.

Orateurs : Massillon, D'Aguesseau, Montesquieu, Thomas, Buffon, Mirabeau, Marat.

Littérateurs étrangers : Pope, Thomson, Goldsmith, Gessner, Goldoni, Klopstock, Schiller, Hoffman, Goethe, Walter Scoot.

Historiens : Vertot, Rollin, Saint-Simon, Crévier, Barthélemy, Anquetil.

Peintres et sculpteurs : Rigaud, Claude Vanloo, Claude Vernet, Canova.

Philosophes : Helvétius, Condillac, J.-J. Rousseau, D'Alembert, Diderot, Fourier, Reid, Volney.

Voyageurs : Cook, La Peyrouse.

Mathématiciens : Delambre, Lagrange, Monge, Laplace.

Naturalistes : Tournefort, Linné, Bernard et Laurent de Jussieu, Lacépède, Cuvier.

12*

Physiciens : Réaumur, Franklin, Lavoisier, De Saussure, Guyton de Morveau.

Inventions et découvertes : Pommes de terre, paratonnerre, terre à porcelaine, vaccine, aérostats, composition de l'air, becs d'Argand, télégraphes aériens, système métrique, pile de Volta, sucre de betteraves, bateaux à vapeur, lithographie, gaz à éclairage, chemins de fer, allumettes chimiques, daguerréotype, télégraphe électrique, inhalation de l'éther.

1731. LA MOTTE.

La Motte par l'esprit surtout se *recommande.*

Ecrivain de beaucoup d'esprit, mais poète froid et médiocre, La Motte s'essaya dans tous les genres et n'obtint la supériorité dans aucun.

1748. LESAGE.

Lesage, les traitants sur vous ont des *griefs.*

Il composa une pièce intitulée *Turcaret*, dans laquelle il ridiculisait les traitants ou fermiers généraux.

1754. DESTOUCHES.

En Destouches admirons l'auteur du *Glorieux.*

Le *Philosophe marié* et le *Glorieux* sont ses chefs-d'œuvre.

1741. J.-B. ROUSSEAU.

Rousseau pour beaucoup n'est qu'une classique *croûte.*

Ses odes sont hardiment dessinées, mais elles ne respirent pas réellement l'enthousiasme pindarique; aussi J.-B. Rousseau passe-t-il de nos jours pour un poète froid et sans entrain.

1757. FONTENELLE.

Fontenelle, ton style est brillant de *clinquant.*

Le grand mérite de ce poète est beaucoup d'esprit, et surtout de cet esprit du moment qui donne de l'attrait à une conversation, mais qui ne s'attache à rien de profond. Tous ses ouvrages se ressentent de ce défaut. Ils sont en quelque sorte couverts de clinquant.

1762. CRÉBILLON.

A Crébillon Boileau n'accorde *aucun génie*.

Boileau, à son lit de mort, trouvait que les Boyer et les Pradon étaient de vrais soleils auprès de Crébillon. Le public et les meilleurs juges ont cassé cet injuste arrêt d'un mourant.

1763. LOUIS RACINE.

Louis n'eut au théâtre aucun *engagement*.

Il ne travailla pas pour le théâtre.

1774. PIRON.

Piron, il est l'auteur de cette ode *incongrue*.

A la suite de quelques pièces de vers qui dénotaient une grande facilité, il fit paraître sa fameuse ode dont il a payé chèrement dans la suite la célébrité, car elle laisse encore sur sa mémoire un renom licencieux que personne peut-être ne mérita moins. Les pièces de ce genre qui sont sorties de sa plume sont très-peu nombreuses.

1777. GRESSET.

Gresset, j'entends Vert-Vert aussi méchant *qu'un coq*.

Ce poète, qu'a illustré le charmant badinage de *Vert-Vert*, mérite également une place parmi les poètes dramatiques pour sa comédie du *Méchant*.

1778. VOLTAIRE.

Voltaire eût désiré ne voir *aucun couvent*.

Il est célèbre par son implacable haine contre le christianisme.

1780. GILBERT.

Gilbert, tous tes combats à ta sœur tu *confesses*.

Par les lettres touchantes que Gilbert écrivait à sa sœur, nous voyons les trésors de bonté qui étaient cachés dans l'âme de ce malheureux poète ; nous connaissons ses combats et ses luttes contre la misère et contre le dédain des hommes.

1794. ANDRÉ CHÉNIER.

Chénier vit sans effroi le fatal *couperet*.

Arrêté comme suspect en 1794, il fut condamné à mort et exécuté le 7 thermidor. Deux jours de plus, et son talent n'était pas enlevé à la France.

1794. FLORIAN.

Florian, au bonhomme on peut te *comparer*.

Il est notre premier fabuliste après Lafontaine.

1799. MARMONTEL.

Marmontel, ton style est poétique *et pompeux*.

On lui reproche avec raison le caractère trop pompeux de sa prose, et le grand nombre de vers qui y sont insérés.

1803. LA HARPE.

La Harpe, emprisonné, fit de nou*veaux amis*.

Arrêté en 1794, malgré ses opinions révolutionnaires, il fut retenu quatre mois au Luxembourg. Pendant cette captivité, il fit de nouveaux amis, et revint à la religion.

1811. MARIE-JOSEPH CHÉNIER.

Chénier, ton dévoûment pour André *fut douteux*.

On l'a accusé (à tort sans doute) de n'avoir pas été étranger à la condamnation de son frère.

1813. DELILLE.

Delille la campagne en ses chants *fait aimer*.

Son poëme des *Jardins* est rempli de détails charmants, et paré de toutes les fleurs de la poésie.

1816. DUCIS.

Ducis aux fleurs de lis eut sa *vie attachée*.

Il resta toujours attaché à la famille royale des Bourbons. S'il se dévoua tout entier à Bonaparte, c'est qu'il crut un instant voir en lui un autre Monk préparant une restauration. Revenu de son erreur, il abandonna l'empereur après avoir servi le premier consul.

1742. MASSILLON.

Massillon est pour moi l'éloquence *incarnée*.

1751. D'AGUESSEAU.

D'Aguesseau du barreau fut un membre *éclatant*.

Le nom du chancelier D'Aguesseau, est l'un des premiers que l'on cite lorsque l'on veut faire l'éloge de la magistrature française.

1755. MONTESQUIEU.

Montesquieu, ton esprit nous explique *les lois*.

Il est l'auteur de l'*Esprit des lois*.

1785. THOMAS.

D'hyperboles, Thomas, ton style est trop *gonflé*.

Cet écrivain n'est qu'un rhéteur ; il manie le langage académique avec une certaine habileté ; mais il est souvent affecté et déclamatoire parce qu'il tourmente son style pour en tirer de l'effet.

1788. BUFFON.

Buffon de Louis xv était souvent *convive*.

Il était reçu à la cour de Louis xv, et s'y montrait assez assidûment.

1791. MIRABEAU.

Mirabeau corrompu pour le roi *combattit*.

D'abord membre ardent du parti jacobin, il se rapprocha de la cour dans les dernières années de sa vie.

1793. MARAT.

Marat par ses écrits la république *abîme*.

Les fureurs du journal de Marat, l'*Ami du peuple*, contribuèrent bien plus que les sourdes menées des royalistes, à perdre dans l'esprit des gens de bien la république et les républicains.

1744. POPE.

Pope dans ses écrits critique avec *aigreur*.

Il annonça dès son début cet esprit incisif et mordant qui devait lui attirer tant d'ennemis, et lui susciter tant de chagrins.

1748. THOMPSON.

Thompson à vingt-six ans son poëme *écrivit*.

Il n'avait que vingt-six ans lorsqu'il fit paraître son célèbre poëme *Des Saisons*.

1774. GOLDSMITH.

O Goldsmith, ton vicaire est plus grand *qu'un curé*.

Il est l'auteur du *Vicaire de Wakefield* : le héros de cet ouvrage est véritablement grand, puisqu'il est véritablement vertueux.

1788. GESSNER.

Gessner du grand Klopstock était souvent *convive*.

Il vécut dans l'intimité de l'auteur de la *Messiade*.

1794. GOLDONI.

Goldoni de Venise à Molière on *compare*.

On l'a surnommé le Molière italien.

1803. KLOPSTOCK.

Klopstock ne trouva pas des *envieux amis*.

Au contraire, quelques amis auxquels il avait fait connaître les premiers chants de sa *Messiade*, voulurent faire partager au public leur enthousiasme pour le jeune poète, et les publièrent à son insu.

1805. SCHILLER.

Schiller, tu fus d'abord indocile *vassal*.

Son suzerain, le duc de Wurtemberg, lui avait ordonné de ne publier que des ouvrages de médecine. Schiller désobéit, et pour se soustraire au mécontentement du prince, il prit la fuite.

1823. HOFFMAN.

Hoffman de Kœnisberg, fantasque *fut nommé*.

Cette épithète n'est pas déplacée pour qui connaît la bizarrerie du caractère et des ouvrages d'Hoffman.

1832. GOETHE.

Goethe par son Werther acquit un *fameux nom*.

Ce poëme, qui fait sa gloire, fut accueilli avec un enthousiasme universel.

1832. WALTER-SCOOT.

Walter Scoot, tes romans te font un *fameux nom*.

1735. VERTOT.

Vertot dans ses écrits les erreurs *accumule*.

C'est plutôt un historiographe qu'un historien ; il s'occupe moins de la vérité que de l'effet dramatique. *Mon siége est fait*, répondit-il un jour à celui qui lui apportait des documents sur le siège de Rhodes.

1741. ROLLIN.

Rollin se montre en tout plus simple *qu'érudit.*

La simplicité, la naïveté de ses écrits en font tout le prix.

1755. SAINT-SIMON.

Saint-Simon se montrait aussi franc *que loyal.*

Il se piquait d'une franchise qui n'admettait aucun ménagement. Aussi ne voulut-il pas que les *Mémoires de son temps* parussent de son vivant.

1765. CRÉVIER.

O Crévier, ce n'est pas ton style *que je loue.*

Son *Histoire des empereurs* nous présente des faits bien ordonnés, bien enchaînés; mais le style en est diffus, dépourvu de grace, et offre de fréquents latinismes.

1795. BARTHÉLEMY.

Barthélemy, ton style est un style *accompli.*

Dans son admirable livre du *Jeune Anacharsis*, il a le talent de joindre aux agréments d'un style constamment pur et correct des tableaux riches et une érudition immense.

1806. ANQUETIL.

Anquetil autrefois en se cachant *fut sage.*

Au moment de la révolution, il eut le bon esprit d'échanger son prieuré de Château-Renard contre la cure de la Villette. Moins en évidence dans ces nouvelles fonctions, il put se livrer tout entier à la composition de son *Précis d'histoire universelle.*

1741. RIGAUD.

Rigaud a de nombreux portraits dans ses *cartons.*

Le portrait était sa spécialité.

1745 CLAUDE VANLOO.

Claude Vanloo, dit-on, peint très-bien *l'aquarelle.*

1789. CLAUDE VERNET.

Un paysage en fleurs Vernet te *convient bien.*

Le paysage était sa spécialité.

1823. CANOVA.

Canova, ton défaut je cherche *vainement*.

De tous les sculpteurs des temps modernes c'est celui qui se rapproche le plus de la perfection de l'antiquité.

1771. HELVÉTIUS.

Helvétius, sur toi le feu fit sa *conquête*.

Son livre intitulé *De l'esprit* fut brûlé par arrêt du parlement.

1778. J.-J. ROUSSEAU.

Rousseau, tes arguments sont brillants *quoique faux*.

Il déploya les plus brillants arguments, le plus grand luxe de raisonnement, pour démontrer les paradoxes les plus inadmissibles.

1780. CONDILLAC.

Condillac dans les sens a toute *confiance*.

Il ramène toutes les facultés actives de l'âme à la sensibilité, et résume ainsi sa doctrine : *Nihil est in intellectu quod non prius fuerit in sensu.*

1783. D'ALEMBERT.

D'Alembert eût pu faire un avo*cat fameux*.

La modicité de sa fortune, qui le mettait dans la nécessité de prendre un état, ne lui permit pas d'abord de se consacrer tout entier à son étude de prédilection. Il prit le parti du barreau, et fut reçu avocat en 1738. Il ne tarda pas à abandonner le barreau pour la médecine.

1784. DIDEROT.

Diderot, on ne peut te surnommer *cafard*.

Il ne faisait pas mystère de son implacable haine contre le christianisme.

1796. REID.

Reid ne se sentait pour Hume *aucun penchant*.

Tous ses ouvrages ne sont pour ainsi dire qu'une perpétuelle réfutation des opinions philosophiques de Hume.

1820. VOLNEY.

Volney croyait que tout à la mort *finissait*.

Ses ennemis l'accusent d'athéisme et de matérialisme. C'est probablement à tort. Toujours est-il que, sous le consulat, il fit tous ses efforts pour empêcher le rétablissement du culte catholique.

1837. FOURIER.

Fourier, à son début, en tous lieux *fut moqué*.

La nouvelle doctrine qu'il inaugura fut accueillie par les sarcasmes et les railleries universelles.

1779. COOK.

Cook aux îles Sandwich ne livra *qu'un combat*.

. Dans ce combat, causé par une querelle entre les naturels et les gens de son équipage, James Cook fut frappé d'un coup mortel.

1789. LAPEYROUSE.

La Peyrouse fut un héroïque *amphibie*.

Il passa sur mer au moins la moitié de sa vie.

1792. DELAMBRE.

Delambre arpente l'arc, et Méchin *l'accompagne*.

Delambre et Méchin furent chargés de mesurer le quart du méridien terrestre de Dunkerque à Barcelone pour constituer le mètre.

1813. LAGRANGE.

Lagrange de nos maux bien longtemps *fut témoin*.

Né à Turin, mais fixé en France depuis 1787, ce fameux mathématicien fut témoin des nombreux évènements qui suivirent cette époque.

1818. MONGE.

Monge, ta descriptive accuse un *feu divin*.

Il est le créateur de la géométrie descriptive.

1827. LAPLACE.

Laplace en politique eut une *vie inique*.

Adorateur de tous les pouvoirs, courtisan de tous les régimes, Laplace s'agenouilla tour-à-tour devant la république, le consulat, l'empire et la restauration. Mais s'il ne mérita pas de grands éloges comme homme politique, il fut avant tout homme d'une profonde science et d'un grand génie.

1708. TOURNEFORT.

Tournefort, tu donnas une lan*gue* *aux savants*.

Il donna le premier une méthode de classification botanique.

1778. LINNÉ.

Linné, ton classement n'eut de *vogue qu'enfant*.

La classification botanique de Linné eut assez de vogue à son début (étant enfant), mais elle fut remplacée bientôt par la méthode naturelle de Jussieu.

1776. BERNARD DE JUSSIEU.
1826. LAURENT DE JUSSIEU.

Bernard en bon chemin la botani*que engage*.

Laurent rend à son oncle un très-na*ïf hommage*.

En appliquant à la science la première méthode naturelle de classification, Bernard de Jussieu y déposa les germes de ses futurs progrès.

Neveu de Bernard, Laurent de Jussieu se montra digne du nom qu'il portait : il eut la gloire de conduire à son plus haut point de perfection cette méthode dont il se plaisait à reconnaître son oncle comme le véritable auteur.

1825. LACÉPÈDE.

Lacépède écrivit de Buffon la *finale*.

Il continua les œuvres de Buffon.

1832. CUVIER.

Cuvier, dans les terrains anciens tu *fis miner*.

Il s'appliqua surtout à l'étude des animaux fossiles.

1757. RÉAUMUR.

Sous Réaumur, en France, on fit l'*aiguille aiguë*.

Il publia un traité sur l'art de convertir le fer en acier, et devint ainsi le créateur d'une branche importante de commerce, car avant lui on ne fabriquait pas l'acier en France. On put dès-lors fabriquer des aiguilles.

1790. FRANKLIN.

Franklin ne se montrait rien moins *qu'ambitieux*.

Sa seule ambition consistait à faire le plus de bien possible.

1794. LAVOISIER.

Lavoisier sans effroi touche le *couperet*.

Il mourut la même année qu'André Chénier, victime comme lui de *la terreur*. La mort de ce savant, qui promettait de porter au plus haut degré la gloire de la science, est peut-être la perte la plus fatale que la révolution ait causée à la France.

1799. DE SAUSSURE.

De Saussure au Mont-Blanc toujours *s'occupa bien*.

Il habita longtemps le sommet du Mont-Blanc; il y étudia la formation des montagnes, et y fit de nombreuses observations géologiques et météorologiques.

1816. GUYTON DE MORVEAU.

De Morveau, ta demeure autrefois *fut Dijon*.

Il était natif de Dijon.

1742. INTRODUCTION DE LA POMME DE TERRE EN FRANCE.

Bientôt ce tubercule ornera la *couronne*.

La culture de la pomme de terre eut beaucoup de peine à se répandre en France, par suite des préjugés, non-seulement des gens de la campagne, qui n'en voulaient donner qu'à leurs animaux, mais aussi des gens plus instruits, qui prétendaient que l'usage de ce tubercule donnait la lèpre, et produisait d'autres fâcheux effets sur l'économie animale. Parmentier, dont toute la vie n'a été qu'une lutte continuelle contre les préjugés et l'erreur, est un de ceux qui ont le plus contribué à en répandre la culture. En 1786, il eut l'idée de faire garder par des soldats un champ planté de ces tubercules, afin de donner la pensée d'en voler. Cet ingénieux expédient fut couronné de succès. D'un autre côté, Louis XVI, par ses conseils, parut un jour en public un bouquet de fleurs de pommes de terre à la main. Il n'en fallut pas davantage pour mettre cette plante en honneur, et tous les courtisans s'empressèrent de la cultiver.

1757. INVENTION DES PARATONNERRES.

Franklin ravit la foudre : on peut dire *quel coup !*

On peut dire au figuré que, par son ingénieux appareil, Francklin ravit la foudre aux cieux.

1757. DÉCOUVERTE DE LA TERRE A PORCELAINE
EN FRANCE.

Du kaolin chez nous! la Saxe a la *colique*.

Jusque-là, la France avait tiré des manufactures de Saxe la porcelaine dont elle faisait usage. Lorsqu'on découvrit dans le Limousin des carrières de kaolin ou terre à porcelaine, il s'établit chez nous des manufactures qui dispensèrent la France d'avoir recours à l'étranger.

1775. VACCINE.

Jenner, tu méritais un magnifique *accueil*.

Le docteur Jenner, par la découverte de la vaccine, a pris sa place aux premiers rangs des bienfaiteurs de l'humanité.

1783. AÉROSTATS.

Voyager dans les airs, c'était un *coup fameux*.

Jamais, avant l'invention de Mongolfier, on n'avait entendu parler d'un semblable mode de locomotion.

1774. DÉCOUVERTE DE LA COMPOSITION DE L'AIR.

Priestley, Lavoisier au même point *concourent*.

Cette découverte fut faite presque simultanément par Lavoisier en France, et par Priestley en Angleterre.

1789. BECS D'ARGANT.

Argant, c'est grâce à toi dans la nuit *qu'on voit bien*.

Jusqu'alors tous les systèmes de lampes se réduisaient à une simple mèche plongeant dans un réservoir d'huile, et ne recevant que par l'extérieur le contact de l'air. Argant eut l'heureuse idée de former des mèches cylindriques le long desquelles l'air atmosphérique peut s'élever sans cesse par deux courants, l'un intérieur et l'autre extérieur. Un ouvrier d'Argant, le nommé Quinquet, déroba la découverte de son maître, et le public confirma cette injustice, en appelant *Quinquet* la nouvelle lampe à double courant..

1791. TÉLÉGRAPHE AÉRIEN.

La dépêche envoyée aussitôt *choque au but*.

Il fut inventé par les frères Chappe.

1798. SYSTÈME MÉTRIQUE.

De la Convention c'est l'unique *bienfait*.

L'établissement du nouveau système de poids et mesures fut décrété par la Convention.

1800. PILE DE VOLTA.

La pile est l'œuvre de Volta *physicien*.

1810. SUCRE DE BETTERAVES.

Ce sucre à son début fut d'une *vente aisée*.

C'était l'époque où le blocus continental empêchait les sucres coloniaux d'arriver dans nos ports. Le sucre indigène, tout imparfait qu'il était alors dut être d'un facile placement.

1810. BATEAUX A VAPEUR INVENTÉS PAR FULTON.

Sur tout autre navire il l'emporte en *vitesse*.

1814. INTRODUCTION DE LA LITHOGRAPHIE EN FRANCE.

De la lithographie on connaît l'*inventeur*.

Elle fut découverte en 1793, par Sénefelder chanteur du théâtre de Munich.

1818. PREMIÈRE USINE A GAZ A PARIS.

Lebon, à ce projet tu *dévouas la vie*.

L'art d'éclairer par le gaz a pris naissance en France. L'ingénieur Philippe Lebon en conçut la première idée en 1785. Ses premiers appareils, connus sous le nom de thermolampes, n'eurent que peu de succès, et il se ruina complètement dans ses essais.

1819. PREMIER CHEMIN DE FER ANGLAIS.

Ce chemin à Manchestre a, dit-on, *fait du bien*.

Il fut établi de Liverpool à Manchester. La nouveauté de ce mode de locomotion attira dans cette dernière ville un nombre considérable de curieux.

1823. PREMIER CHEMIN DE FER FRANÇAIS.

Ce fut pour Saint-Etienne un grand *événement*.

Il fut établi de Lyon à Saint-Etienne.

1837. ALLUMETTES CHIMIQUES

Le fumeur dès ce jour jamais de *feu manqua*.

1839. DAGUERRÉOTYPE.

Tous les peintres disaient : C'est un *infâme abus*.

Ils y voyaient la ruine des portraits en miniature. Leurs craintes ne se sont pas réalisées.

1840. TÉLÉGRAPHE ÉLECTRIQUE PAR WHEATSTONE.

Ce nouveau télégraphe est fatal aux *forçats*.

Aux États-Unis on s'en est souvent servi pour faire arrêter des forçats évadés.

1846. INHALATION DE L'ÉTHER.

L'opéré maintenant jamais ne *s'effarouche*,

Puisqu'il est rendu insensible à la douleur. Cette belle découverte est due aux docteurs Jakson et Morton de Boston.

HISTOIRE CONTEMPORAINE.

La France et l'Europe depuis la convocation des états généraux jusqu'à la révolution de 1830.

1791. ASSEMBLÉE LÉGISLATIVE.

Sous la législative on vit deux *escapades*.

Je veux parler des journées du 20 juin et du 10 août, qui précipitèrent la chute depuis longtemps imminente de la monarchie.

1792. BATAILLE DE VALMY.

Valmy, tu fus le fruit d'une heureuse *campagne*.

1792. CONVENTION NATIONALE.

La Convention vit de brillantes *campagnes*.

Les victoires de Jemmapes et de Fleurus, la conquête de la Hollande, illustrèrent le règne de la Convention.

1792. BATAILLE DE JEMMAPES.

Jemmapes, Dumouriez, couronne la *campagne*.

Elle fut gagnée par Dumouriez.

1793. MORT DE LOUIS XVI. — ASSASSINAT DE MARAT. — LA TERREUR.

Louis xvi et les rois la *république embaume*.

1793. COMMENCEMENT DE LA GUERRE DE VENDÉE.

La Vendée est partout un vaste *campement*.

1794. MORT DE ROBESPIERRE. — 9 THERMIDOR.

Robespierre à son tour touche le *couperet*.

1794. BATAILLE DE FLEURUS.

Jourdan près de Fleurus triompha sans *encombre*.

1792. ÈRE RÉPUBLICAINE.

A réformer les mois, les jours *occupons-nous*,
Disent les membres de la Convention.

1795. INSURRECTION DU 13 VENDÉMIAIRE.

Du parti royaliste échoua le *complot*.

Les royalistes l'avaient suscitée pour se saisir du pouvoir à la **faveur** de l'irritation des esprits contre la Convention.

1795. CONQUÊTE DE LA HOLLANDE.

La Hollande est à nous, ses canaux sont *guéables*.

A la faveur du rigoureux hiver de 1796, on transporta sur la glace tout notre matériel de guerre jusqu'au cœur de la Hollande.

1795. DIRECTOIRE EXÉCUTIF.

Carnot le directeur est un homme *accompli*.

La position de la France à cette époque était alarmante : nos armées reculaient sur la frontière du Rhin et manquaient de tout ; la guerre civile était rallumée en Vendée et en Bretagne; les assignats avaient perdu leur valeur; enfin la vengeance des partis agitait Paris et les départements. Heureusement, le directoire comptait au nombre de ses membres Carnot, dont le génie sut tirer la France de cette position déplorable.

1795. PREMIÈRE CAMPAGNE D'ITALIE.

C'est du grand Annibal la gloire *qui pâlit.*

La gloire d'Annibal s'efface devant celle de Napoléon Bonaparte.

1797. JOURNÉE DU 18 FRUCTIDOR AN V.

Ton exil, ô Carnot, marque une inique *époque.*

Les directeurs, menacés dans cette journée, durent employer la violence contre leurs aggresseurs. Le résultat fut la déportation de Carnot, de Barthélemy et de 53 représentants du peuple.

1798. CAMPAGNE D'ÉGYPTE.

Ce héros ne demande au Ciel rien *qu'un bon vent.*

Allusion à une parole que prononça Napoléon en quittant la **France.** *Qu'on me donne un bon vent, et je réponds du succès.*

1799. 18 BRUMAIRE. — CONSULAT.

Bonaparte consul est plus puissant *qu'un pape.*

1800. 2ᵉ CAMPAGNE D'ITALIE. — MARENGO.

Les succès de Mélas Marengo *fit cesser.*

Mélas, général des armées autrichiennes, avait pendant l'absence de Napoléon fait éprouver plusieurs échecs à nos troupes.

1803. CONSPIRATION DE PICHEGRU ET DE CADOUDAL.

Pichegru, Cadoudal, ce sont de *faux amis.*

Ils se disaient amis de Bonaparte.

1804. NAPOLÉON SACRE EMPEREUR.

La France est consultée, et tout *veut ce héros.*

On appela les Français à se prononcer sur la forme du gouvernement. Napoléon fut porté à l'empire par une immense majorité.

1801. AVÈNEMENT DE L'EMPEREUR ALEXANDRE EN RUSSIE.

Alexandre, dit Paul, règne *fils odieux.*

Paul Ier, père et prédécesseur d'Alexandre, mourut assassiné. On accuse son fils de n'avoir pas été étranger à la catastrophe qui termina sa vie. C'est pourquoi on peut mettre ces paroles, *règne fils odieux,* dans la bouche de Paul Ier mourant.

1805. BATAILLE D'AUSTERLITZ.

Austerlitz vit tomber vingt mille *fusiliers.*

La victoire nous coûta 20 mille hommes : les alliés en perdirent 70 mille.

1806. BATAILLE D'IÉNA.

Vaincu près d'Iéna, Guillaume enfin *fut sage.*

Cette victoire mit Guillaume roi de Prusse à la raison.

1806. FIN DE L'EMPIRE D'ALLEMAGNE.

François II tu disais : L'empire est un *vain songe.*

Ainsi parla le dernier empereur d'Allemagne, François II, lorsqu'il fut dépouillé de son titre par Napoléon.

1806. SYSTÉME CONTINENTAL.

Ce système à la fraude a souvent *fait songer.*

1807. OCCUPATION DE L'ESPAGNE.

L'Espagnol à Joseph dès lors *envoi son gant.*

Indignés de la perfidie de l'empereur, les Espagnols se soulèvent contre Joseph, et leur pays devient le théâtre d'une lutte acharnée, dans laquelle Napoléon éprouve ses premiers revers.

1809. BATAILLE DE WAGRAM.

De l'Autriche à Wagram le pouvoir *fut sapé.*

Cette victoire porta le coup le plus funeste à la puissance autri-chienne.

1812. CAMPAGNE DE RUSSIE.

Sur la neige énervés ils tombent par *vingtaines.*

1813. CAMPAGNE DE SAXE. — BATAILLE DE LEIPSICK.

Du prestige à Leipsick s'éclipse le *fantôme*.

Ce fut là que, pour la première fois, Napoléon vit la fortune des armes se déclarer contre lui. Ce fut là que s'évanouit ce prestige qui l'accompagnait depuis si longtemps.

1814. RESTAURATION. — LOUIS XVIII.

Les Bourbons à Paris arrivent en *voiture*.

1815. RETOUR DE NAPOLÉON. — LES CENT JOURS.

Soldats, de vos serments l'empereur *vous délie*.

Il délie les soldats du serment qu'ils avaient prêté à Louis **xviii**.

1815. BATAILLE DE WATERLOO.

Napoléon, pour toi Waterloo fut *fatal*.

Il y perdit une seconde fois l'empire.

1820. ASSASSINAT DU DUC DE BERRI.

On pensait que sa race avec lui *finissait*.

La main qui faisait agir Louvel croyait éteindre dans le duc de Berri la race des Bourbons ; mais quelques mois après sa veuve mit au monde Henri, duc de Bordeaux.

1823. EXPÉDITION D'ESPAGNE.

Ferdinand, tes Cortès t'oppriment *vainement*,

Dit la France, en marchant au secours du roi d'Espagne Ferdinand **vii**.

1824. CHARLES X.

Charles X, en exil ton règne *finira*.

1825. AVÉNEMENT DE L'EMPEREUR NICOLAS EN RUSSIE.

Le droit de Constantin, Nicolas, *devient nul*.

Nicolas, troisième fils de Paul Ier, n'avait pas droit au trône après la mort d'Alexandre, son frère aîné. Mais la renonciation formelle du grand duc Constantin, son second frère, lui permit de prendre la couronne.

1827. BATAILLE DE NAVARIN.

Vainqueurs de Navarin , nous *avouons nos coups,*

Disent les Russes, les Français et les Anglais, qui s'étaient unis pour délivrer la Grèce du joug des Turcs.

1830. CONQUÊTE D'ALGER.

Alger , sous les Français tu deviendras *fameuse.*

L'importance de la ville d'Alger s'est beaucoup accrue depuis l'occupation française.

1830. RÉVOLUTION DE JUILLET. — LOUIS-PHILIPPE Ier.

Juillet tu vis tomber une race *fameuse.*

TABLE DES MATIÈRES.

—◈◈◈—

—⋖ Lille, Typ. L. Lefort. ⋗—

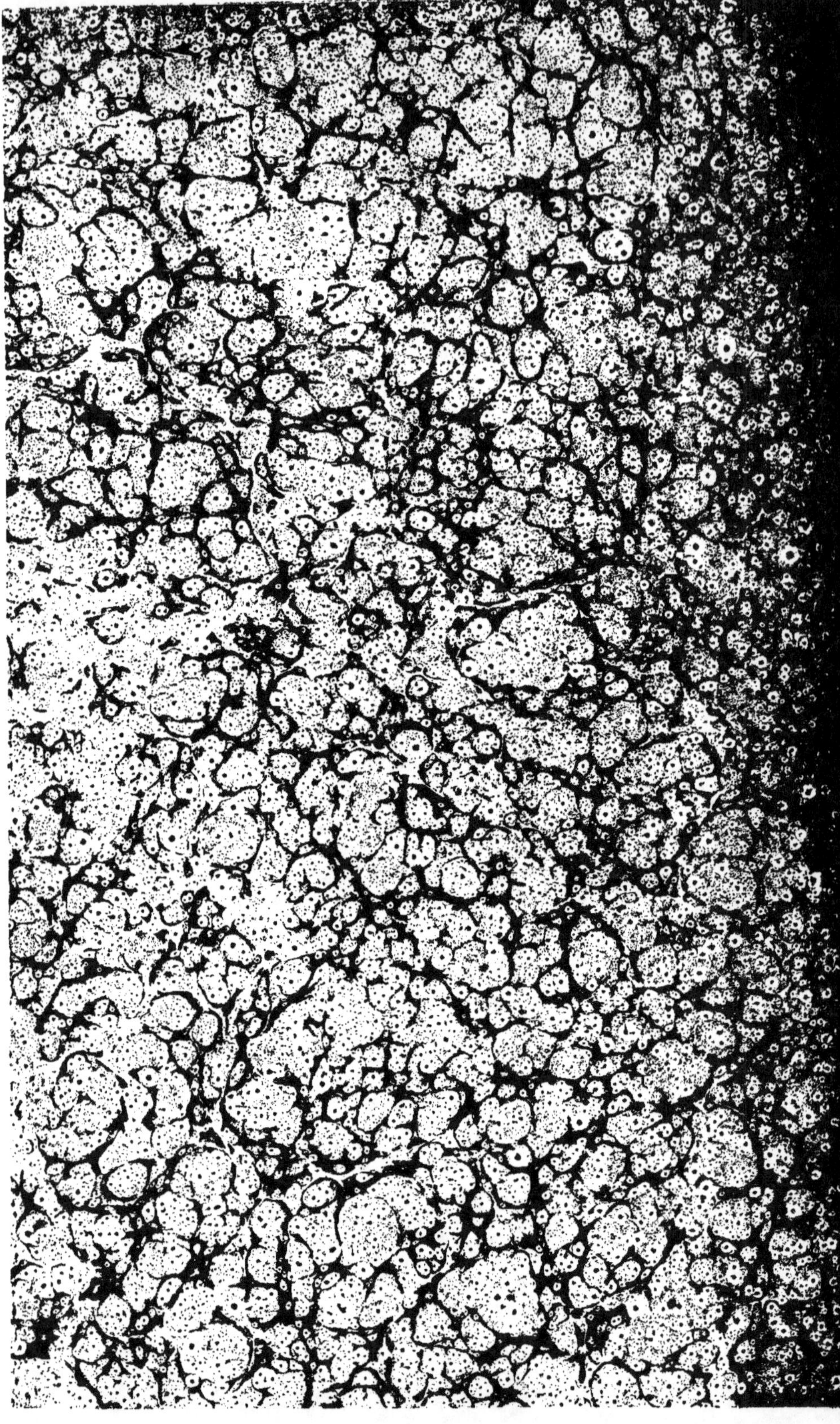

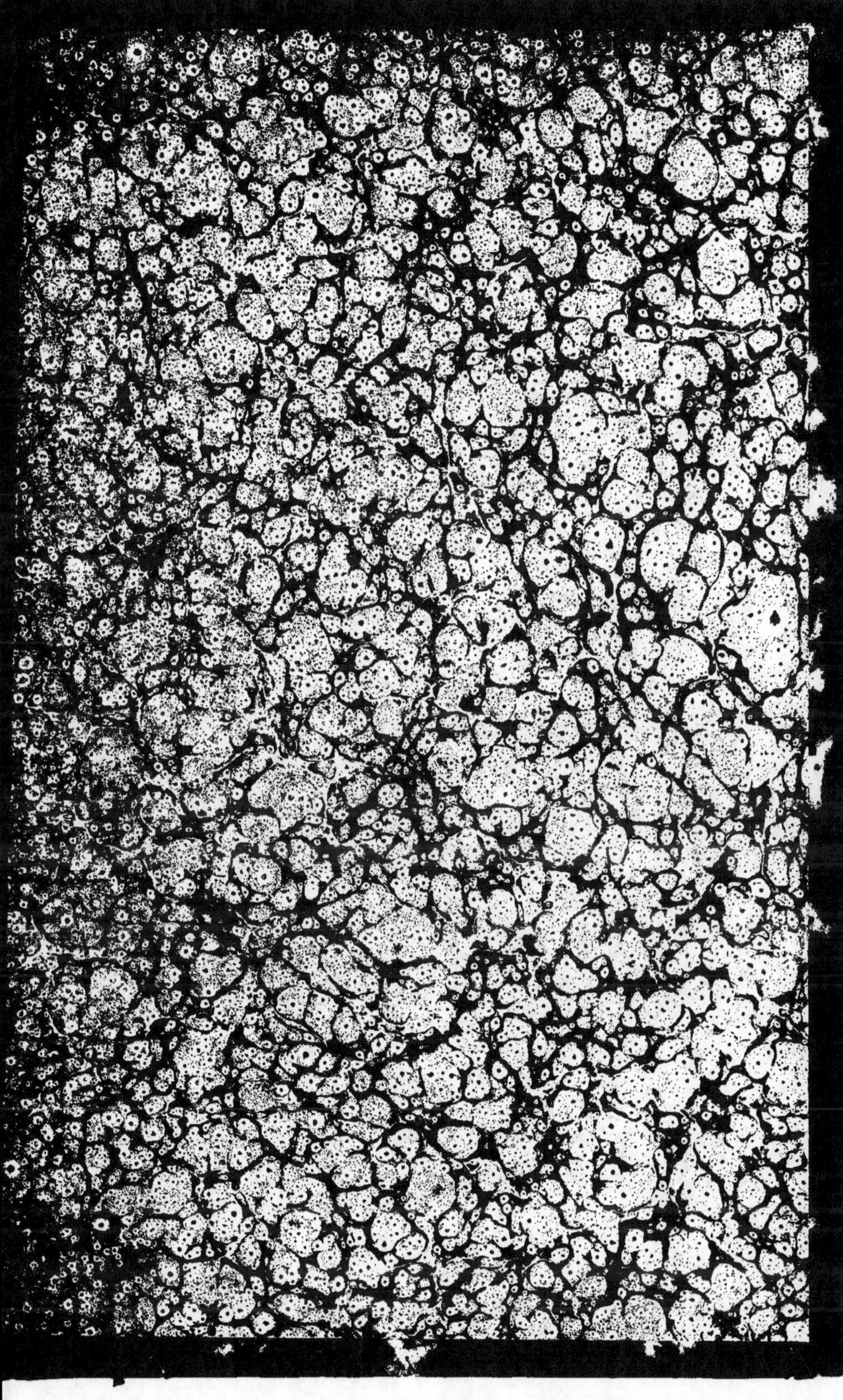

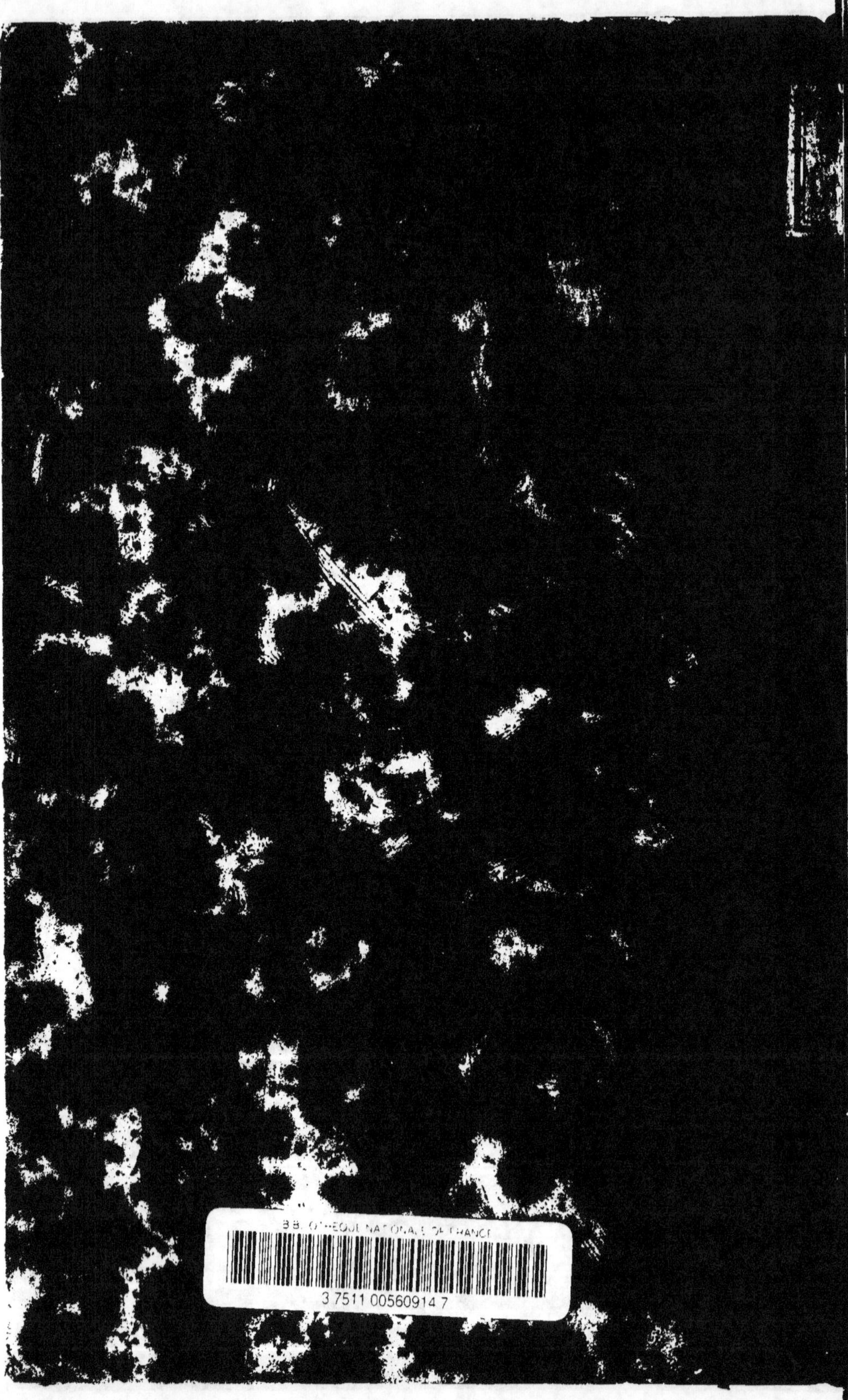
BIBLIOTHEQUE NATIONALE DE FRANCE

3 7511 005560914 7

www.ingramcontent.com/pod-product-compliance
Lightning Source LLC
LaVergne TN
LVHW020626200726
843508LV00002B/540